全断面掘进机
渣土改良剂与盾尾密封油脂
性能测试方法及检测标准

李树忱　冯现大　袁　超　编著

中国建材工业出版社

图书在版编目(CIP)数据

全断面掘进机渣土改良剂与盾尾密封油脂性能测试方法及检测标准/李树忱,冯现大,袁超编著.--北京:中国建材工业出版社,2022.2
ISBN 978-7-5160-3393-7

Ⅰ.①全… Ⅱ.①李… ②冯… ③袁… Ⅲ.①全断面掘进机 Ⅳ.①U415.5

中国版本图书馆CIP数据核字(2021)第258646号

全断面掘进机渣土改良剂与盾尾密封油脂性能测试方法及检测标准
Quanduanmian Juejinji Zhatu Gailiangji yu Dunwei Mifeng Youzhi Xingneng Ceshi Fangfa ji Jiance Biaozhun
李树忱　冯现大　袁　超　编著

出版发行:中国建材工业出版社
地　　址:北京市海淀区三里河路1号
邮　　编:100044
经　　销:全国各地新华书店
印　　刷:北京雁林吉兆印刷有限公司
开　　本:787mm×1092mm　1/32
印　　张:3.5
字　　数:60千字
版　　次:2022年2月第1版
印　　次:2022年2月第1次
定　　价:36.00元

本社网址:www.jccbs.com,微信公众号:zgjcgycbs
请选用正版图书,采购、销售盗版图书属违法行为
版权专有,盗版必究。本社法律顾问:北京天驰君泰律师事务所,张杰律师
举报信箱:zhangjie@tiantailaw.com　　举报电话:(010)68343948
本书如有印装质量问题,由我社市场营销部负责调换,联系电话:(010)88386906

前言

近年来，全断面隧道掘进机用于施工已成为城市轨道交通建设的主流工法，其具有适用地层范围广、施工安全性高的优点。全断面隧道掘进机主要分为适用于软土地层施工的盾构机与适用于硬岩地层施工的掘进机（TBM）。前者在施工过程中面临着黏土地层结泥饼、富水地层喷涌以及盾尾密封失效渗漏等工程问题；后者在掘进过程中易出现刀具磨损、粉尘浓度过高等问题。渣土改良与盾尾密封安全保障技术是解决上述问题的关键。

目前，还没有渣土改良与盾尾密封产品的相关标准，施工人员在渣土改良与盾尾密封的产品选择及应用时仍以经验为主。21世纪初，EFNARC（European Federation of National Associations Representing for Concrete，混凝土行业欧洲国家协会联合会）出版的 *Specification and Guidelines for the use of specialist products for mechanized tunnelling（TBM）in soft ground and hard rock*《软土和硬岩中机械化隧道掘进（TBM）专用产品的使用规范和指南》，虽然介绍了渣土改良添加剂（泡沫、抗黏剂及聚合物添加剂等)、盾尾密封剂以及抗磨添加剂等的使用,但与近年来城市地层复杂环境下的全断面隧道掘进机新式施工技术与产品性能要求不匹配。结合盾构施工需求,并参考近年来该领域的最新研究进展,笔者结合课题团队在盾构领域多年的研究成果,撰写了本书。

本书主要内容分为渣土改良系列产品性能测试(第2~5章)和盾尾密封油脂材料性能测试(第6章)。其中渣土改良剂主要包括泡沫剂、抗黏剂、喷涌防止剂和耐磨抑尘剂;盾尾密封材料为盾尾密封油脂。本书还介绍了其他材料的技术指标、测试方法、应用范围及使用指南,考虑到目前以上内容还不够全面、系统、完整,本书较宽泛地选择了国内外在该领域研究者的观点和思路。

限于笔者时间和水平,书中若有不妥之处,恳请读者不吝指正。

编　者

2022 年 1 月

目 录

1 绪 论 ·· 1

  1.1 范围 ··· 1

  1.2 隧道掘进机 ····································· 3

  1.3 渣土改良系列产品 ···························· 7

  1.4 盾尾密封油脂 ·································· 22

2 泡沫剂 ·· 27

  2.1 技术指标 ·· 27

  2.2 性能测试方法 ·································· 29

3 抗黏剂 ·· 38

  3.1 技术指标 ·· 38

  3.2 性能测试方法 ·································· 40

4 喷涌防止剂 ··· 47

  4.1 技术指标 ·· 47

  4.2 性能测试方法 ………………………………… 48
5 耐磨抑尘剂 ……………………………………………… 58
  5.1 技术指标 ……………………………………… 58
  5.2 性能测试方法 ………………………………… 60
6 盾尾密封油脂 …………………………………………… 71
  6.1 技术指标 ……………………………………… 71
  6.2 性能测试方法 ………………………………… 74

附表 ……………………………………………………… 94
参考文献 ………………………………………………… 98

1 绪 论

1.1 范围

本书介绍了与三种类型的隧道掘进机相关联的用于全断面掘进机渣土改良产品性能的检测技术：泥水平衡盾构机、土压平衡盾构机和硬岩掘进机。

本书主要介绍了在不同地层中用于隧道渣土改良的产品的基本性能指标及其检测技术，主要包含以下五部分。

第Ⅰ部分：泡沫剂

泡沫剂是土压平衡盾构施工中最常用的渣土改良剂，自 20 世纪 80 年代初日本最先开发出泡沫改良技术以来，泡沫剂研发技术和效果评价试验不断创新，改良土体的范围也从单一的砂土、黏土、砂砾到复合地层。泡沫剂渣土改良技术主要是将泡沫剂与水按照一定的比例混合稀释，通过盾构机泡沫注入系统打入刀盘前方、土仓、螺旋输送机等位置，改良切削土体的流塑性。刀盘前方注入的泡沫与土体混合，减少黏性土块之间的直接接触，增加切削土体的流动性；另外，在土仓内注入泡沫也能减少渣土进入土仓之后，再次黏结堵塞的风险。

第Ⅱ部分：抗粘剂

抗黏剂是为了应对黏土地层掘进问题而研发的一种聚合物，主要用于黏度较高的地层渣土改良，其主要成分是表面活性剂和抗黏剂，掺入渣土后吸附于土体颗粒及其周围自由水表面，大大减小颗粒间的接触和水的表面张力，同时抗黏剂渗透到土体颗粒周围，分散大块渣土来降低土体的黏性，防止黏土地层渣土黏附刀盘。

第Ⅲ部分：喷涌防止剂

盾构在砂卵石等粗粒土地层掘进时，由于砂卵石具有内摩擦角大、流动性差、渗透系数大等特点，施工时会引起出土困难、刀盘磨损、地下水喷涌等问题，严重影响盾构施工安全。为此，盾构用高分子聚合物的分子长链可以在颗粒与水之间形成絮状凝聚物，吸收土体颗粒周边自由水，使各颗粒之间发生黏结，提高土体黏聚力，减小内摩擦角，提高流动性，降低土体渗透性，确保渣土顺利排出，避免喷涌的发生。

第Ⅳ部分：耐磨抑尘剂

耐磨抑尘剂是一种液态高分子聚合物，适用于含硬岩地层的掘进。耐磨抑尘剂经发泡后通过刀盘前方的喷头渗入工作面，泡沫起到润滑、冷却作用，有效减少刀盘堵塞，减小刀盘扭矩，降低刀盘温度，从而减少刀盘与刀具的磨损；同时泡沫能够有效吸附、控制粉尘，除尘效果是普通注水除尘方式的 2～3 倍，大大减少除尘用水量,保证了顺畅排渣。

第Ⅴ部分:盾尾密封油脂

盾尾密封油脂是盾尾密封装置的重要组成部分。其作用可以有效地保护盾尾多道弹簧钢片与钢丝刷,又共同隔绝土层泥沙与注浆材料回流,保障盾构的顺利推进,对提高盾构施工质量和工作效率起到了较好的作用。

其中,泡沫剂、抗黏剂、喷涌防止剂、盾尾密封油脂属于软土地基产品类别;耐磨抑尘剂属于硬岩产品类别。

1.2 隧道掘进机

1.2.1 泥水平衡盾构机

泥水平衡盾构机(图 1-1)是在盾构机刀盘的后侧,设置一道封闭隔板,隔板与刀盘间的空间为泥水仓,把水、黏土及其添加剂混合制成的泥浆,经输送管道压入泥水仓,待泥浆充满整个泥水仓,并具有一定压力时,形成泥水压力室。通过泥水的加压作用和压力保持机构,能够维持开挖工作面的稳定。盾构推进时,旋转刀盘切削下来的渣土经搅拌装置搅拌后形成高浓度泥浆,用流体输送方式送到地面泥水分离系统,将渣土、水分离后重新送回泥水仓,这就是泥水平衡盾构法的主要特征。

泥水平衡盾构机顺利掘进的一个重要条件是有合适

的泥浆。泥浆有助于去除碎屑，保持盾构机与泥膜正面接触并防止沉降，还可以起到冷却和润滑工具的作用。泥浆包含膨润土在水中的悬浮液以及适当的添加剂。泥浆在储罐的地面处制备，并在泥浆进料管处被吸入管线并循环至掌子面处，以帮助从孔中清除碎屑，然后在浆液排放管中循环出来。用机械方法（通过泥浆振动筛、离心机等）从泥浆中除去切屑。在将浆液再循环到进料管线之前，需要对其进行处理以恢复其基本物理性能。检查关键浆料特性（例如密度、pH、屈服强度值、塑性黏度或固体含量）来决定添加膨润土、聚合物、分散剂或pH稳定剂。

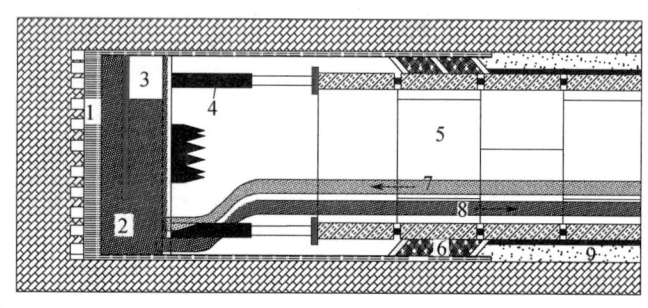

图1-1 泥水平衡盾构机示意图

1—刀盘；2—工作仓；3—气泡；4—推杆；5—管片；6—盾尾密封油脂；
7—输入膨润土泥浆；8—输出膨润土泥浆；9—同步注浆

1.2.2 土压平衡盾构机

土压平衡盾构机（图1-2）是利用安装在盾构机最前面的全断面切削刀盘，在刀盘扭矩和推进油缸推力的作用下,将盾构机向前推进。随着推进油缸的向前推进,刀盘持续旋转,将正面的土体切削下来,通过刀盘上的开口,进入到刀盘后面的土仓内,通过配备的泡沫、膨润土系统对充满土仓的切削土体进行改良,形成具有流动性的膏状土体,并使仓内具有适当的压力,与开挖面的土压力和水压力平衡,以减少盾构推进对地层土体的扰动,从而控制地表沉降。与此同时,安装在土仓下面的螺旋输送机进行连续排土作业,螺旋输送机将切削下来的渣土排送到皮带输送机上,后由皮带输送机运输至渣土车,再通过竖井运至地面。

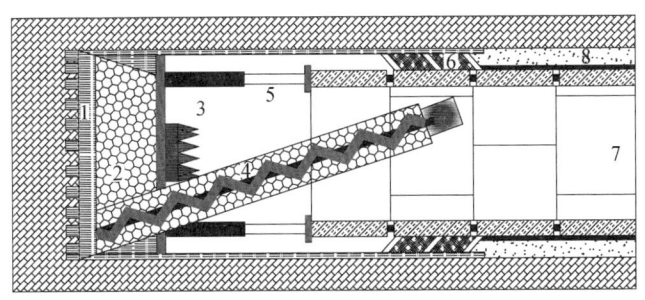

图 1-2 土压平衡盾构机示意图
1—刀盘;2—工作仓;3—压力墙;4—螺旋输送机;5—推杆;
6—盾尾密封油脂;7—管片;8—同步注浆

土压平衡盾构机隧道掘进时常常会遇到排渣土不畅的问题,通常需要使用化学添加剂来实现渣土改良。产生的泡沫可以保持压力,对土壤产生流化作用,形成均质的土壤糊,降低渗透性、扭矩和土壤黏性,减少磨损,可将膨润土或细颗粒添加到没有细颗粒的土壤中,也可以为聚合物和泡沫添加剂提供支持。分散剂主要用于重质黏土，与土壤接触后，可降低黏土的黏附性，大大减少刀盘结泥饼的可能性。

1.2.3 硬岩掘进机（TBM）

硬岩掘进机（TBM）（图1-3）主要分为敞开式、单护盾式、双护盾式三种类型。

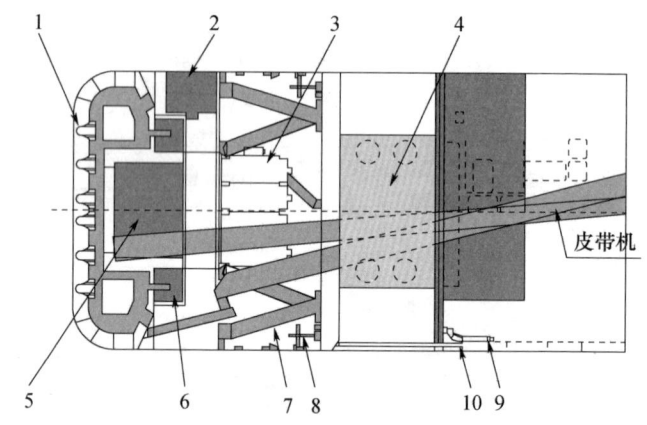

图1-3 硬岩掘进机TBM示意图

1—刀盘；2—前支撑；3—驱动电机；4—主侧撑；5—储料斗；6—主轴承；7—推力油缸；8—铰接油缸；9—拼装机；10—辅助推进油缸

敞开式TBM是一种利用自身支撑机构撑紧洞壁，以承受向前推进的反作用力及反扭矩的全断面岩石掘进机，其适用于具有一定自稳性的围岩。敞开式TBM在掘进时，其支撑板撑紧洞壁以承受刀盘传递的反作用力及反扭矩，推进液压缸推动刀盘前进，同时刀盘旋转，滚刀在岩面上做同心圆轨迹滚动,实现盘形滚刀挤压破损岩石。岩石破损后的岩碴在自重作用下掉入掌子面底部,由铲斗铲起,经溜槽落入皮带机出渣,这样连续掘进成洞。

单护盾式掘进机只有一个护盾,大多用于软岩和破碎地层,由于没有撑靴支撑,掘进时掘进机的前推力是由护盾尾部支撑于管片上的推进油缸所提供的。机器的作业和管片的安装是在护盾的保护下进行的。

双护盾式掘进机具有前、后两个护盾,在地质情况较差的区域掘进时,其掘进方式与单护盾相同;当地质情况较好时,前盾在进行破岩的同时,后盾仍可以进行管片的拼装,加快了施工进度。

硬岩掘进机(TBM)在硬岩隧道掘进的过程中会遇到种种问题,其中一个问题是掘进过程中产生大量粉尘。滚刀切割挤压岩石产生的细粒度岩石碎片,在风力作用下飘在空中形成粉尘。当工人吸入过多的粉尘时容易引发硅肺疾病。硬岩掘进机(TBM)掘进遇到的另一个问题是滚刀磨损严重,导致掘进效率低,更换滚刀延误工期。硬岩掘进机(TBM)换刀是隧道开挖过程中最重要的经济因素之一。

1.3 渣土改良系列产品

盾构施工环境复杂多变,我国北方多为淤泥、黏土地层,南方多为砂卵地层,不同区域地质和水文情况也差别较大。当盾构穿越粉质黏土、风化泥岩等细粒高黏地层时，盾构切削黏土颗粒在刀盘、土仓等部位聚集，在压力的长期作用下形成坚硬厚实的泥饼，影响盾构继续推进，如图1-4所示。

(a) 泥饼糊刀盘

(b) 土仓结泥饼

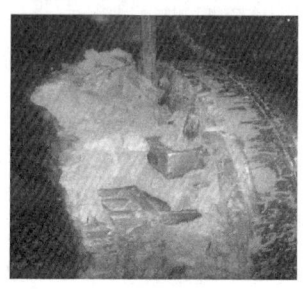
(c) 刀筒结泥饼

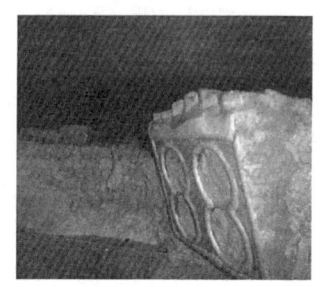
(d) 刀具结泥饼

图1-4　盾构掘进过程不同部位发生的结泥饼问题

在高水压粗粒土地层掘进时，土仓渣土渗透性大，难以保压，易发生螺旋输送机喷涌灾害。螺旋输送机喷涌会导致大量泥沙、泥水溅射，影响人员施工，严重时导致土仓压力波动，进而影响开挖面压力平衡而发生失稳。

土压平衡盾构在较硬的砂卵地层掘进时,易出现刀具磨损、排渣困难、高扭矩、高推力等问题。

上述问题严重影响了土压平衡盾构施工安全、掘进效率,制约了盾构的发展。目前来说,渣土改良是解决上述问题的有效手段,通过管路系统向盾构刀盘前方、土仓、螺旋输送机等部位注入适应性的渣土改良剂,改良土体的流塑状态,使之能够满足盾构适应要求,顺利排渣。同时润滑相关机械设备,减少砂石等硬颗粒对切削、排渣设备的磨损,提高其使用寿命。如何根据地层条件及盾构机器要求选择合理的改良手段成为解决上述问题的关键。

1.3.1 渣土改良地层适应性

目前国内外关于渣土改良剂对各种地层的适应性研究较少,更多的是根据工程经验确定对应地层的改良方案,如 Langmaack 在施工经验与部分室内试验的基础上提出了渣土改良剂的地层适应性范围,如图 1-5 所示。以土体分类与粒径级配为改良剂选择的基础,当土体为粒径较小的黏土和淤泥质土时,选择泡沫剂+抗黏剂进行改良,防止刀盘和土仓结泥饼;当土体为淤泥质土或粉细砂时,可使用泡沫剂单独改良,提高排渣能力;当土体为中粗砂和小粒径砂砾时,可用泡沫剂+聚合物喷涌防止剂的方式改良,提高土体止水性,达到防喷涌的目的;当土体为粒径更大的卵砾石地层时,缺乏细颗粒土等细集料,此时需要添加一定的膨润土等细填料,并配合泡沫剂和聚合物进行改良，防止出现喷涌并能润滑保护刀具。

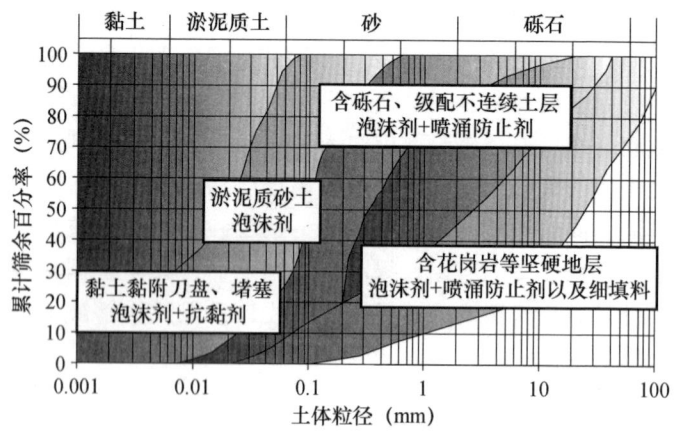

图1-5 渣土改良剂的地层适应性

根据工程经验和室内试验，渣土改良的地层适应性虽然能进行一定的施工指导，但仍具有一定的局限性。比如实际盾构穿越地层较为复杂，各类土体之间的界定并不清晰，地下水赋存随季节差异较大。目前关于地层适应性研究较少，未形成一套可用于施工的标准，实际施工时仍需根据现场地层条件、改良剂的性能参数、盾构机器性能等因素综合考虑。

1.3.2 泡沫剂

20世纪80年代日本率先将泡沫剂作为渣土改良剂用于盾构施工，然后逐渐在各国应用推广开来。相比于其他具有地层针对性的改良剂,泡沫剂应用范围最广,从细粒黏土地层到砂卵地层,从单一地层到复合地层,皆可使用。一般盾构施工将泡沫剂加水进行稀释至 2%~3%浓度,经过发泡系统发泡注入刀盘前方、渣土仓和螺旋输送机等部位,使注入的泡沫与切削土体进行混合,改良渣土的流塑性。

泡沫剂主要由表面活性剂、水和其他外加剂组成,通过发泡装置生成均匀的泡沫。关于泡沫剂的作用机理,Leinala 和 Jancsecz 等认为,泡沫剂中的主要成分表面活性剂由疏水链和亲水基团两部分组成,如图 1-6 所示。通过静电吸附将带电荷的土体颗粒与水分子连接,减小水的表面张力,阻止黏粒之间的接触,提高土体的流塑性,泡沫之间及泡沫与土颗粒接触的液膜降低了改良土的渗透性。常见的泡沫剂多为阴离子型泡沫剂,阴离子+非离子表面活性的泡沫剂具有更高的配向密度,形成的泡沫稳定性更高、半衰期更长,更有利于与土体的混合、接触,改良效果更好。

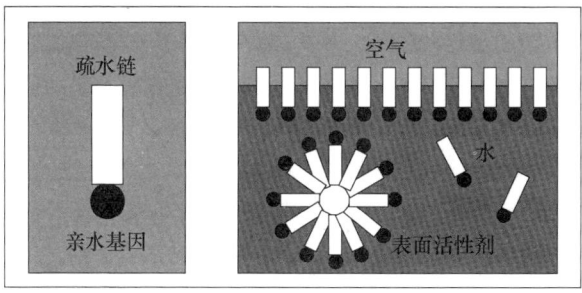

图 1-6 表面活性剂分子

土压平衡盾构用于改良土体的泡沫剂分类方法较多，Stevenson根据泡沫中液体含量的多少将液态泡沫一般分为干泡沫和湿泡沫，相应的有干泡沫极限和湿泡沫极限。干泡沫多呈现多变形，而湿泡沫多为圆形，如图1-7所示。Diego则根据泡沫的稳定性对泡沫剂进行了分类，如图1-8所示，通过半衰期的长短将泡沫剂分为由高到低的五类，半衰期大于1500s的为极高稳定泡沫剂（Ⅰ类），小于150s的为极不稳定泡沫剂（Ⅴ类）。另外，EFNARC标准中将用于发泡的泡沫剂按照不同的功能分为三类：A类为高分散型泡沫剂、B类为中等稳定型泡沫剂、C类为高稳定抗渗型泡沫剂。

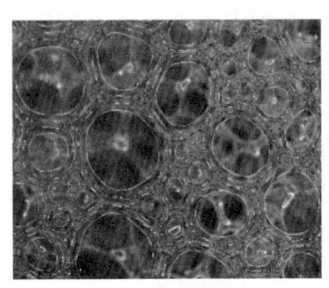 

(a) 湿泡沫形态　　　　　(b) 干泡沫形态

图1-7　干、湿液态泡沫形态表征

关于泡沫剂发泡性能试验，从定性观察到定量评价，相关学者开展了大量研究。Ross等首先提出了机械震荡发泡的直观评价方法，后来与Suzin提出了Ross-Miles定量测试方法，将泡沫剂溶液从一定高度低落，撞击液面过程泡沫剂与空气接触混合起泡，通过产生的

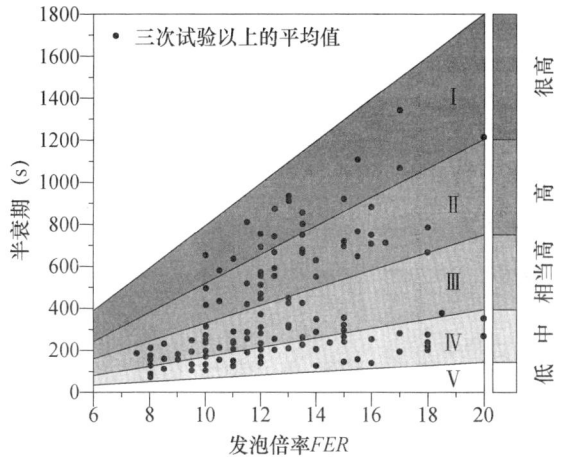

图 1-8 泡沫剂按照其稳定性分类

气泡体积来评价泡沫的发泡倍率,并记录泡沫的衰变时间作为稳定性评价指标。陈洋等综述了国内外相关的评价泡沫剂发泡性能的试验和指标,通过对比分析,提出了影响泡沫稳定性的因素。汪辉武等充分结合了泡沫剂的室内试验和现场试验,综合评价了泡沫的发泡、稳定性指标以及其他影响因素,通过实际应用效果和盾构掘进参数评价了泡沫剂对土的改良效果。

关于泡沫的衰变过程,Fameau 和 Salonen 提出了泡沫演化衰变的三种机理——排液、粗化和合并,如图 1-9 所示。其中排液过程为泡沫发泡以后由于重力作用,泡沫液会慢慢排出,尤其刚发完泡时排液过程非常明显。泡沫合并过程定义为两个泡沫靠近接触后,液膜变得极不稳定，然后泡沫液膜变薄直至破裂，使得两个气泡合并为一个泡沫。泡沫粗化是由于大小不同的泡沫存在一定的压力差，驱动气体由具有较高内压的小泡沫向大泡沫扩散的过程。这三种机制相互依赖，导致了泡沫随时间不断衰变。

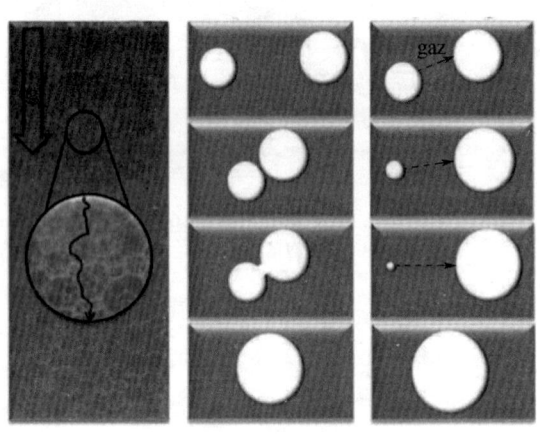

图 1-9 泡沫演化衰变的机理

隧道工程领域一般将半衰期作为泡沫稳定性较为直观快速的评价指标，EFANRC 将泡沫从发泡开始到衰变至初始体积的一半的时间定义为泡沫半衰期，采用半衰期测定筒测量常压条件下泡沫的衰变规律。一般要求用于改良的泡沫剂的半衰期要大于 5min，半衰期较长的泡沫注入刀盘后与土体的有效作用时间明显增加，有利于刀盘开挖和连续出渣。泡沫半衰期受泡沫剂类型、泡沫剂溶液浓度、泡沫发泡倍率及发泡机参数的影响。

Mori 等研究了不同发泡剂和添加特殊聚合物改善泡沫稳定性的效果,证明了添加一些特定的聚合物能够增长泡沫的半衰期。但是其开展的半衰期试验是在大气压条件下进行的,不能反映实际施工中泡沫改良土的压力工况,且泡沫衰变用排出的泡沫液衡量不够准确,因此 Wu 提出了将带压条件下的泡沫体积损失作为稳定性的衡量指标,并且提出在较高的腔室压力下,由于泡沫气泡更小、更均匀,所以泡沫液体的排出有明显的延缓作用,稳定性更高。山东大学自主研发的 HY-Foam30 泡沫剂为阴离子+非离子表面活性剂,1%浓度即有 22 倍的发泡倍率,5%浓度的泡沫剂发泡倍率达 30 倍,浓度为 1%时半衰期为 9min,浓度为 5%时半衰期为 12min,发泡性能和发泡倍率优于普通的阴离子型泡沫剂。

1.3.3 抗黏剂

黏土地层的高黏特征与其矿物组成、孔隙率及含水量相关。当土体主要由蒙脱石、高岭土等较细的黏粒组成时,土体具有较高的黏聚力,宏观呈现出较大的黏土团和黏土块,地下水难以渗入其内部,盾构开挖过程则会出现黏土附着于刀盘、刀具,堵塞刀盘开口,长时间挤压下则易形成坚硬的泥饼,影响开挖效率。泡沫剂分散和抗黏结作用有限,为此,抗黏剂作为一种新型改良剂用于泥饼防治,其主要组成部分是表面活性剂、分散剂和其他外加剂,作用机理如图 1-10 所示。抗黏剂通过向黏土块表面引入高密度负电荷,导致黏土颗粒分子之间的吸引力降低,防止分离后的黏土颗粒重新聚集。分散后的黏土颗粒或小黏土块被泡沫剂中的表面活性剂包裹,形成屏障,泡沫起到包裹、支撑和润滑作用,促进黏土块与金属表面的滑动,有利于渣土的运移。

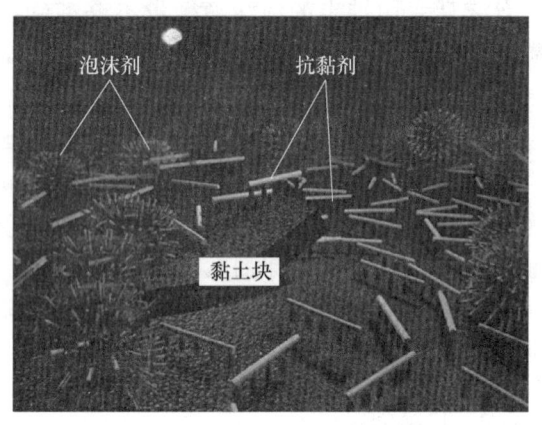

图 1-10　抗黏剂+泡沫剂作用机理示意图

抗黏剂根据表面活性剂所带的电荷不同,也可分为阳离子型、阴离子型和非离子型。目前,用于盾构施工的抗黏剂种类较少,如 BASF 泥岩分散剂、山东大学自主研发的高分子抗黏剂等皆为阴离子型抗黏剂,这是由于常见的黏土地层主要带负电荷。对于一些可变电荷的黏土或带静电荷的黏土,则需要阳离子型或非离子型或多种聚合的抗黏剂进行改良,抗黏剂种类的选择更多与地层土体的电化学性质相关。

关于抗黏剂,Langmaack 等研究了高电荷密度的聚合物作用机理，分析了聚羧酸（MBT）抗黏剂对黏土的分散作用过程，能够有效减小土体对金属的黏附和堵塞潜力。Liu 等研究了一种抗黏剂的电化学机理并开展了改良土的液塑限测定试验，与泡沫剂较小影响相比，抗黏剂的加入能够降低原状土的液限和塑性指数，但提高其掺量土体的 Atterberg 极限并没有明显降低，所以一味提高抗黏剂用量并不能完全解决土体的黏附问题。另外，李树忱等研发了高分子液态抗黏剂，提出了"泡沫剂＋抗黏剂"的改良方案，并开展土力学动态黏聚力试验，验证了抗黏剂不同掺入比对风化泥岩转动扭矩和滑动角的影响规律，并应用于现场工程，掘进参数的降低再次证明了抗黏剂对泥饼防治和堵塞的有效性。

1.3.4 喷涌防止剂

盾构在卵砾石、中粗砂等渗透性较大的地层掘进时，由于土体止水性较差，当地下水丰富、水压较高时易发生喷涌灾害，普通泡沫剂或膨润土无法抵抗高水压而发生喷涌，需要研发抵抗高水压的喷涌防止剂。常用于隧道施工的喷涌防止剂为高分子聚合物，作用机理如图 1-11 所示。喷涌防止剂的高分子长链结构能够吸附缠绕不同粒径的土体颗粒，其亲水基团与水分子连接，吸收多余自由水，通过聚合物基团的吸附将不同粒径的骨料、细颗粒与水分子连接团聚，提高改良土止水性，降低喷涌灾害发生概率。

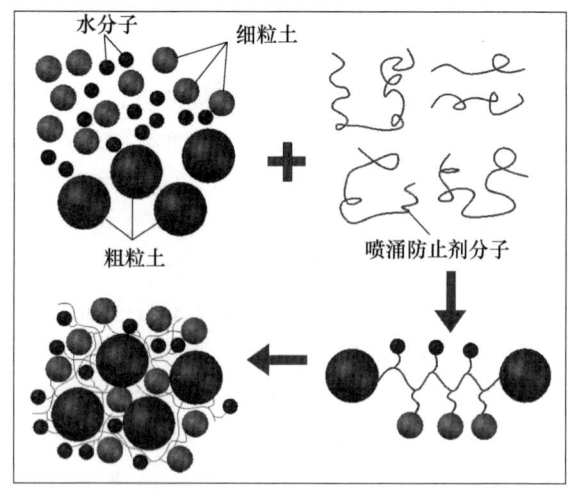

图 1-11 喷涌防止剂作用机理

喷涌防止剂是由大量重复的高分子组成的长链聚合物，其中由单一类型的单体聚合产生的聚合物为均聚物，由两种或两种以上的不同单体聚合产生的为共聚物。喷涌防止剂因其化学组成及结构不同会有很大的区别，一般来说主要由高分子聚合物及其他外加剂构成，聚合物分子量越高越具有较大的团聚作用，这也可以作为评价其本身性能的一个指标。

聚合物一般分为水结型和土构型两种，水结型聚合物适用于含水量较高的土体，与水结合吸收自由水；土构型聚合物调节土体性态，从而提高土体团聚能力，适用于粗粒土改良。一般将土构型聚合物用于渣土改良，其中天然聚合物如淀粉，改性天然聚合物如羧甲基纤维素（CMC）、聚阴离子纤维素（PAC），以及人工合成聚合物已经被用于防治喷涌。Moss、Moody 和 Lyon 等研究了常用的聚合物作为喷涌防止剂用于盾构渣土改良，并对比了不同类型聚合物的优缺点以及使用方法。

聚合物附着于土颗粒表面，增黏效果显著，与渣土混合后在掌子面形成一层黏稠的泥膜，维持掌子面土压平衡。另外，喷涌防止剂能够吸收渣土中的部分自由水从而改善渣土结构，直接注入螺旋输送机或土仓中，能有效解决喷涌问题。喷涌防止剂既可作为外加剂加于泡沫溶液中对粗粒土进行改良，也可加水稀释后单独泵送至刀盘、土仓，其具体掺量需要根据地层条件进行确定。喷涌防止剂聚合效果优于黏土和泡沫，能够抵抗一定的水压，但是注入量需要根据土体和地下水条件而定，否则会出现土体黏聚不足或黏聚过大，导致成团后易出现堵塞的问题。山东大学自主研发的喷涌防止剂为分子量较高的共聚物，由表面活性剂、聚氧化乙烯、天然纤维素及其他组分聚合而成，为高分子长链结构，聚合效果相比低分子的更加突出。随着聚合物浓度的增加，坍落度出现先增加后减小的变化规律，5%掺量时的土体最终渗透系数降低50%以上。

1.3.5 耐磨抑尘剂

TBM 在硬岩地层掘进时，刀具破岩过程会产生正常磨损和非正常磨损等损耗，现场施工需要频繁更换刀具，导致 TBM 不能连续掘进而施工效率低下，严重影响掘进速度。破岩过程伴随产生的高温应力场极易导致刀具变形，影响刀具使用寿命。破岩过程粉尘浓度较大，0.5~5.0μm之间的粉尘严重影响人体健康，破岩粉尘无法在隧道密闭空间逸散，而洒水抑尘效率低下，施工人员的健康受到严重影响，这些问题严重影响TBM掘进施工，给工程造成极大的困难。

目前关于刀具磨损主要是从磨损机理进行研究，通过物理手段改变刀具生产材料、改进刀具形式尺寸来减小磨损。在进行刀具受力形式分析后，一些研究者开始从滚刀材料特性以及岩石对滚刀的磨蚀性作用上来分析滚刀的磨损。张占杰等通过对滚刀刀圈的化学成分、维氏硬度与冲击功的分析，提出想要提高滚刀的综合性能可以在满足高硬度的同时提高刀圈的韧性。魏忠良分析了TBM的施工数据，研究了地质条件与刀具消耗量的相关性，提出了根据地质条件来适当调整掘进参数能降低刀具的损耗。ALBER M在应力状态对岩石CAI磨耗系数以及盘形滚刀磨损的影响进行了相关试验研究，认为岩石CAI指数是由岩石应力状态来决定的。但是TBM施工开始，地层条件和刀具形式无法改变，换刀带来的风险极大，所以仅通过物理手段进行刀具改良无法彻底有效地提高刀具的耐磨性。TBM隧道施工过程中所采取的降温除尘手段是向掌子面注入冷却水，通过喷水捕捉粉尘，效率低下。

现有的提高刀具耐磨的手段都是物理手段，通过分析刀具磨损机理，从外观、尺寸、材料本身等方面进行改进,该方法比较滞后麻烦,工程施工需要更简便、更容易操作的手段。另外,TBM降温除尘更多是采用通风和注水方式,效率低下,且注水过多直接影响TBM排渣。为此,自主研发了耐磨抑尘剂,并研发配套设备,进行现场应用,以便达到降低刀具温度,避免岩粉黏结刀圈,提高刀具的耐磨性和使用寿命,降低隧道粉尘浓度,避免刀具偏磨的目的。耐磨抑尘剂是一种液态高分子聚合物,适用于含硬岩地层的掘进。耐磨抑尘剂经发泡后通过刀盘前方的喷头渗入工作面,泡沫起到润滑、冷却作用,有效减少刀盘堵塞,减小刀盘扭矩,降低刀盘温度,从而减少刀盘与刀具的磨损;同时泡沫能够有效地吸附、控制粉尘,除尘效果是普通注水除尘方式的2~3倍,大大减少除尘用水量,保证了顺畅排渣。

耐磨抑尘剂对刀具的保护作用可通过室内模型试验验证,通过刀具磨损前后质量差精确获得磨损量等参数,SUN Z、JAKOBSEN P D、EBRAHIM F等提出了相关试验模型和方法。为验证耐磨抑尘剂的实际应用效果,开展了耐磨抑尘剂在实际TBM隧道工程中的现场应用试验,通过对不同试验段添加不同浓度的耐磨抑尘剂,根据每次换刀后对刀具的检测,得到不同浓度耐磨抑尘剂下刀具的平均每环磨损量和磨耗比(单把刀具的平均掘进距离)等磨损情况,具体测量方法参考EBRA-HIM F、CHO J W、龚秋明等人的研究。耐磨抑尘剂的加入极好地保护了刀盘刀具。但是注入浓度不能过大,浓度过大会导致抑制耐磨抑尘剂的发泡效果,其对刀盘刀具的包裹性减弱，磨损量反而会增加，所以一般建议施工时所用耐磨抑尘剂浓度低于5%。

》 1.4 盾尾密封油脂

盾尾密封系统包括盾尾密封装置以及同步注浆两部分，如图 1-12 所示，在盾构掘进过程中，需在盾尾设置至少三道盾尾密封刷，并在盾尾刷之间注入盾尾密封油脂，从而确保高度的水密性，盾尾密封系统通过盾尾腔油脂压力与注浆压力和地下水土压力平衡实现隧道内外环境的隔离，避免管片外侧的水、土、同步注浆浆液渗入盾构机内部。盾尾后方管片壁后间隙需要同步填充浆液，减小地层过量变形，保障盾构下穿过程地表安全。

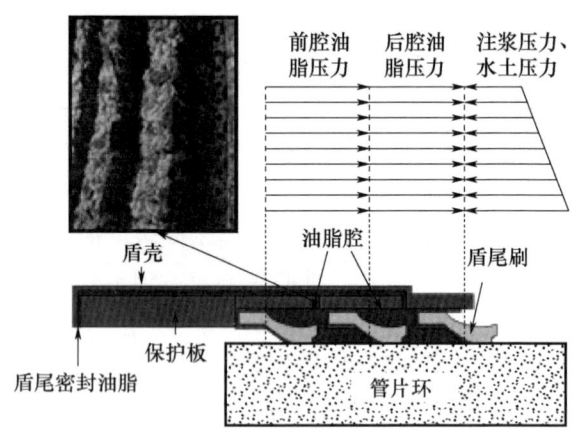

图 1-12 盾尾密封平衡系统

目前,盾构朝着大直径、高水压、长距离的趋势发展,施工条件的复杂性导致盾构施工安全更为棘手,其中盾尾密封系统是保障盾尾安全的关键,一旦密封失效,盾尾将发生喷涌,同步注浆浆液和地下水、泥沙进入隧道,造成极大的安全威胁,带来一系列工程问题。盾尾密封油脂作为盾构施工中重要的功能材料,保障盾尾密封安全,一旦盾尾油脂质量不佳或者用量、压力不足,极易造成盾尾密封效果不好甚至盾尾密封失效。现阶段盾尾密封油脂在工程应用中存在以下诸多问题:

(1) 目前盾尾密封油脂质量良莠不齐,泵送性、抗水密封性等指标难以满足高水压条件下工程建设的需要;

(2) 盾尾密封油脂的性能指标受温度影响明显,低温条件下泵送性显著降低,难以满足工程冬季低温条件下施工的需要;

(3) 普通盾尾密封油脂损耗量较大,极大地增加了工程成本。

盾尾密封系统失效属于盾构施工中的严重事故,轻则发生漏浆,影响工程进度,重则导致地表沉降甚至造成人员伤亡。目前关于盾尾密封系统安全的研究主要集中在盾尾密封机理、盾尾密封失效原因与解决措施、同步注浆对地表沉降控制作用等方面。

关于盾尾密封作用机理的研究,廖少明等基于地下渗漏基本方程,采用有限差分方法,分析了盾尾密封对盾构周边渗流场以及正面稳定性的影响,利用数值手段证明了盾构掘进中如果发生盾尾透水现象，则整个盾构机水头将处于较大的范围之内。余良滨等依托广州地铁四号线南延段泥水盾构区间，分析了地层超孔压和位移变化规律与盾尾注浆之间的关系，通过数值模拟进一步研究了盾尾同步注浆对地层渗流场和位移场的扰动机理。现阶段基于盾尾密封系统的理论研究较少，且研究工作多针对盾尾密封装置对地层的影响，或同步注浆对地层的影响，未能考虑盾尾密封装置、同步注浆与地层三者之间的相互作用，仍具有一定的局限性。

关于盾尾密封失效和控制技术研究，李建方等依托长沙地铁四号线某区间工程，提出了在发生盾尾渗漏风险时，应采取第一时间注入盾尾油脂、严格控制盾尾油脂压注时机与位置、提高同步注浆质量、控制管片拼装质量等方式对盾尾渗漏进行应急处理。李胜新等针对川气东送黄石长江穿越隧道工程的盾尾涌水涌砂问题，分析了盾尾密封失效的原因，提出了 L 型橡胶密封圈加固，在盾尾密封刷焊接前将密封刷直接浸泡在加热融化后的油脂中等方法。谢遵泉结合太原市轨道交通 2¹ 双塔西街站至大南门站盾构区间盾构下穿南沙河工程，提出了定期定量均匀压注盾尾油脂、控制同步注浆压力、管片居中拼装以及在过河掘进时往盾尾整圈垫放止水海绵封堵空隙的防漏措施。秦素娟分析了穿越复杂高水压地层时盾尾密封失效的影响因素，认为盾尾刷质量及安装质量、盾尾间隙与盾尾圆度、盾尾油脂质量与用量、同步注浆效果以及盾构姿态控制为影响盾尾密封失效的主要原因,并提出了相应的解决方案。张迪以杭州市庆春路过江隧道盾构掘进中发生的盾尾密封失效险情为案例,分析了其盾尾密封失效的原因,提出了采用液氮冷冻措施形成盾尾冻土环帷幕止水,在冻土帷幕止水保护下对盾尾管片拆、复拼并检查、更换、增补盾尾刷综合治理技术,经工程实践证明,该技术是安全、有效和合理的。潘国庆总结了现有盾构施工中盾尾密封渗漏的风险源,认为管片外弧面不平整、管片外弧侧纵缝与环缝存在间隙、盾尾油脂用量不足、盾构姿态不佳等现象是发生盾尾密封渗漏的主要原因。李勇成等结合川气东送武汉盾构隧道,分析了盾构机盾尾密封刷的破损机理,提出了在强透水地层下更换盾尾密封刷的技术方案,为长距离盾构施工解决盾尾密封刷失效问题提供了成熟的参考案例。

盾尾密封油脂作为盾尾密封装置的重要组成部分,现阶段,在工程应用中存在诸多问题,诸如油脂质量良莠不齐、缺乏相关的标准和试验规范、理论研究较少等。在盾尾密封油脂的研发与性能检测领域(图1-13),国内众多专家学者也进行了一系列的研究工作。王先会等深入总结并阐述了国内外盾尾密封脂在种类、质量标准、性能评定等方面的发展现状,分析了现阶段国内产品存在的若干问题,并认为现阶段缺乏权威性的国家或行业标准。朱祖熹总结了盾尾油脂的密封原理与密封特点,对比分析了中外三种典型油脂的性能指标与密封功效,探讨了该类材料的组成、检测项目、指标与方法等技术关键,并提出了相关材料标准化已势在必行的观点。王德乾针对盾构施工用盾尾密封油脂开展了大量的研究与试验工作,研究了盾尾油脂的抗水压密封性与泵送性并研发了相应的测试仪器,提出了相应的测试方法与评价标准,采用正交试验的方式得到了一种盾尾密封油脂的优化配比。

(a) 盾构密封油脂　　　(b) 油脂泵送装置

图1-13　新型盾尾油脂及性能测试

现阶段针对盾尾密封的研究多集中在工程应用方面。盾尾密封油脂作为盾尾密封安全的关键材料,起到隔离盾构内外环境,阻挡地下水、泥沙进入,润滑防护尾刷和管片的作用。目前关于盾尾密封的相关理论较少,亟须提出和建立"盾尾密封装置-同步注浆-地层"的多相平衡理论,为盾尾平衡体系的安全控制提供理论基础。

2 泡沫剂

2.1 技术指标

盾构机泡沫剂是由表面活性剂、稳定剂、强化剂和渗透剂等复配而成，其稀释液能通过起泡装置产生大量均匀而稳定的泡沫，大大减小土颗粒间的接触和水的表面张力，提高盾构渣土的流塑性，保证盾构顺利掘进。

泡沫是由水基表面活性剂溶液组成的含气泡的液相分散体，表面活性剂是一种具有疏水链和亲水端基化学结构的分子，具有阴离子、阳离子、非离子或两性电荷性质，影响溶液的表面张力、与土壤的相互作用以及泡沫本身的性质。表面活性剂能通过静电吸附到带电的土壤颗粒上。表面活性剂经发泡装置发泡并掺入渣土中后，吸附于土体颗粒及其周围自由水表面，大大减小颗粒间的接触和水的表面张力，降低接触面的粗糙度和土体的摩擦力，起到润滑作用，改善渣土的流动性、渗透性并防止黏附，通过分子间斥力使土体颗粒分散，起到渣土改良作用。

泡沫作为渣土改良的关键物质，其性能的优劣会严重影响改良的效果，一般的改良泡沫应该具有一定时间的稳定性、较大的发泡倍率、较好的地层适应性、易降解、无毒、成本较低等基本性能要求。

其泡沫剂质量优劣等级划分如表 2-1 所示。

表 2-1 泡沫剂质量优劣分级表

指标	分级		
	优	良	差
泡沫剂浓度（%）	2～3	3～5	>5
发泡倍率, 25℃（倍）	25±2.5	20±2.5	—
半衰期, 25℃（min）	15±2.5	10±2.5	—

泡沫剂性能测试中主要的指标如下：

（1）发泡倍率。发泡倍率指一定体积的泡沫剂稀释液通过发泡装置所制得泡沫的体积与泡沫剂溶液的体积比，是发泡液发泡效力的指标。如果所产生泡沫的发泡倍率较小，则形成的泡沫含液率较高，发泡液的利用率会大大降低。

（2）半衰期。泡沫的半衰期通常表征的是泡沫的稳定性，是评价泡沫的稳定性的重要指标。

（3）注入比。泡沫的注入比是指泡沫改良土中泡沫所占的比例。在实际施工过程中，泡沫的注入率要根据掘进期间对渣土的观察来做相应的调整。

（4）运动黏度。流体的动力黏度与同温度下该流体的密度的比值称为运动黏度。它是这种流体在重力作用下流动阻力的度量。

（5）水溶性。泡沫剂在水中的溶解性质。

(6) 金属腐蚀性。泡沫剂作用在金属材料上，金属材料在泡沫剂及周围介质的作用下损坏的程度。

2.2 性能测试方法

2.2.1 外观、水溶性、金属腐蚀性

1. 外观

在25℃和非阳光直射下目测即可。

2. 水溶性

用任意比例的水稀释后，泡沫剂溶液应为均匀溶液，静置后无分层或沉淀现象，表示完全溶解，否则水溶性不合格。

3. 金属腐蚀性

将泡沫剂溶液常温［(23±2)℃］涂覆于金属高铬铸铁上，观察3h内金属板变色和腐蚀情况。

2.2.2 密度试验

1. 试验简介

本方法可参照《测定液体涂料、油墨和相关产品密度的标准试验方法》(ASTM D1475)，用于测试泡沫剂的密度。可简要描述为首先使用25℃的蒸馏水来校准容器的容积，然后在标准温度（25℃）下使用相同容器测量该容器所盛放泡沫剂的质量，并规定在25℃时每毫升的克数为泡沫剂的密度。

2. 密度试验所需仪器

(1) 量杯，带容器盖，用于盛放泡沫剂；
(2) 恒温槽，保持在 25℃ 波动不超过 0.1℃ 为宜；
(3) 实验室分析天平；
(4) 温度计，温度计刻度为 0.1℃；
(5) 吸水纸，用以吸干溢出水。

3. 操作过程

(1) 清洁并干燥量杯，使其保持恒定质量。持续清洗、干燥和称重量杯，直到连续两次称重之间的差异不超过量杯质量的 0.001%。清洗的过程中手操作容器会在量杯壁上留下指纹，因此，建议使用钳子或用清洁、干燥的吸湿材料做护套的把柄。

(2) 将温度稍低于 25°C 的蒸馏水加入量杯中，盖上量杯盖，让溢流口打开，立即用吸水纸擦干多余的溢流水，然后使用恒温槽来加热蒸馏水到 25℃，使用吸水纸将溢出的水吸干。

(3) 使用实验室分析天平快速称量已装满的容器质量，并计算容器体积。

(4) 使用泡沫剂代替蒸馏水加入量杯中重复第 (2) 步与第 (3) 步，称量出量杯和泡沫剂质量，计算泡沫剂密度。

4. 密度计算

容器体积计算如下：

$$V = (N-M)/\rho \tag{2-1}$$

式中 V——容器的容积，mL；

N——容器和水的质量，g；

M——干容器的质量，g；

ρ——25℃水的密度，g/mL。

泡沫剂密度计算如下：

$$D_m = (W-w)/V \qquad (2-2)$$

式中 D_m——泡沫剂密度，g/mL；

W——泡沫剂与容器的质量，g；

w——干容器的质量，g；

V——容器的容积，mL。

2.2.3 pH测定

1. 试验简介

按照《表面活性剂 水溶液 pH 值的测定 电位法》（GB/T 6368—2008）的规定，将试样的水溶液在电磁搅拌器缓和搅拌下，保持25℃，测定其 pH 值。本方法适用于泡沫剂溶液 pH 的测定。

2. 试验所需仪器

（1）pH 计；

（2）磁力搅拌器；

（3）烧杯，200mL；

（4）温度计；

（5）容量瓶，1000mL；

（6）电子秤；

（7）电极；

（8）恒温水浴。

3. 操作过程

(1) 试样制备,利用电子秤称取 10g 试样置入烧杯中,用蒸馏水溶解,移入容量瓶中,稀释至刻度,轻微摇匀。

(2) pH 计校正,按照仪器说明书进行校正。

(3) 将制备好的溶液放入恒温水浴中,使其温度控制在 20℃左右。

(4) 将上述溶液倒入烧杯中,置于磁力搅拌器上搅拌 30s。

(5) 停止搅拌,插入电极,待 pH 计稳定 30s 后,记录读数。

(6) 同一试样,需要测量三次或以上,将其中测量之差不大于 0.1pH 单位的值取平均数,作为该试样在该温度下的 pH 值。

2.2.4 运动黏度

1. 试验简介

本方法可参照《石油产品运动粘度测定法和动力粘度计算法》(GB/T 265—1988),用于测试在规定试验条件下泡沫剂的运动黏度。可简要描述为某一恒定的温度下,测定一定体积的泡沫剂在重力下流过一个标定好的玻璃毛细管黏度计的时间,黏度计的毛细管常数与流动时间的乘积,即为该温度下测定液体的运动黏度。

2. 仪器设备

(1) 毛细管黏度计一组,毛细管内径为:0.4,0.6,

0.8, 1.0, 1.2, 1.5, 2.0, 2.5, 3.0, 3.5, 4.0, 5.0 和 6.0（mm）；

（2）带有透明壁或装有观察孔的恒温浴，其高度不小于180mm，容积不小于2L，并且设有自动搅拌装置和一种能够准确地调节温度的电热装置；

（3）玻璃水银温度计，温度计分格为0.1℃；

（4）秒表，分格为0.1s。

3. 操作过程

（1）将黏度计调整成垂直状态，利用铅垂线从两个相互垂直的方向检查毛细管的垂直情况，将恒温浴温度调整到40℃，把装好试样的黏度计浸在恒温浴内，经恒温15min。试验的温度必须保持恒定到±0.1℃。

（2）利用毛细管黏度计上所套着的橡胶管将试样吸入扩张部分，使试样液面稍高于标线a。

（3）观察试样在管身中的流动情况，液面正好到达标线a时，开动秒表，液面正好流到标线b时，停止秒表，记录下流动时间。

4. 试验注意事项

用秒表记录下来的流动时间，应重复测定至少四次，其中各次流动时间与其算术平均值的差数应符合如下要求：这个差数不应超过算术平均值的±0.5%。然后，取不少于三次的流动时间所得的算术平均值，作为试样的平均流动时间。

5. 测定结果

$$v_t = c \cdot \tau_t \quad (2\text{-}3)$$

式中 v_t——运动黏度，mm^2/s；

c——黏度计常数，mm^2/s^2；

τ_t——试样的平均流动时间，s。

2.2.5 发泡倍率

1. 试验简介

发泡倍率是盾构用泡沫剂的一项重要指标，指一定体积的泡沫剂溶液所制得的泡沫体积与形成该泡沫溶液的体积比，用于衡量泡沫的起泡能力。本测定方法适用于测定盾构用泡沫剂的发泡倍率。

2. 仪器

（1）量筒：1000mL；

（2）电子秤：精度 0.01g；

（3）泡沫发生器；

（4）刮刀；

（5）烧杯，500mL。

3. 操作过程

（1）试样制备。通过电子秤称取 10g 表面活性剂置入清洁、干燥的烧杯中，按一定比例加入蒸馏水溶解，并缓慢搅拌均匀。

（2）用电子秤称量洁净、干燥的量筒的质量，记录读数。

（3）将上述制备的泡沫剂溶液加入泡沫发生器的盛放容器中进行发泡。

（4）把生成的泡沫填满称好质量的量筒中，并用刮刀抹平泡沫表面。

(5) 称取量筒和泡沫的总质量,记录读数。

4. 测定结果

利用下面公式可计算得到发泡倍率:

$$FER = \frac{V}{M_1 - M_0} \times \rho \qquad (2-4)$$

式中 FER——泡沫发泡倍率;

M_1——量筒和泡沫的总质量,g;

M_0——量筒的质量,g;

V——量筒内泡沫的体积,mL;

ρ——泡沫的密度,这里取 1g/mL。

2.2.6 半衰期

1. 试验简介

半衰期是盾构用泡沫剂的一项重要指标,它体现的是泡沫剂的稳定性,具体指的是泡沫体积消失为初始泡沫体积一半所消耗的时间,本测定方法适用于测定盾构用泡沫剂的半衰期。

2. 仪器

(1) 量筒:300mL、1000mL 各一只;

(2) 电子秤,精度 0.01g;

(3) 泡沫发生器;

(4) 秒表;

(5) 漏斗;

(6) 铁架。

3. 操作过程

(1) 试样制备。使用电子秤称取 10g 表面活性剂置入清洁、干燥的烧杯中,按一定比例加入蒸馏水溶解,并缓慢搅拌均匀。

(2) 用电子秤称量洁净、干燥量筒的质量,记录读数。

(3) 利用上述溶液和泡沫发生器进行发泡。

(4) 将泡沫填入量筒内,并用电子秤称取量筒和泡沫的总质量,记录读数。

(5) 按如图 2-1 所示,将量筒倒置固定(利用铁架)在漏斗上方,并在漏斗口放置小量筒(小量筒放在电子秤上)用来盛放液体。

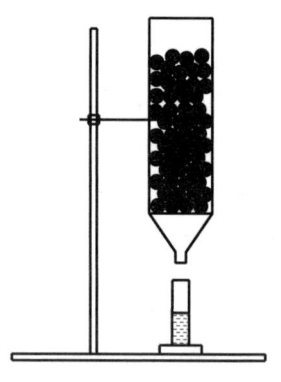

图 2-1 半衰期试验示意图

(6) 开始计时,记录初始读数。

(7) 直至小量筒中液体质量增加至泡沫质量的一半时,停止计时,记录读数。

4. 测定结果

（1）试验中所量筒内泡沫的质量为：
$$M_f = M_1 - M_0 \tag{2-5}$$

式中 M_f——量筒中泡沫的质量，g；

M_1——量筒和泡沫的总质量，g；

M_0——量筒的质量，g。

（2）该泡沫的半衰期 T 为：
$$T = T_1 - T_0 \tag{2-6}$$

式中 T——泡沫剂的半衰期；

T_1——小量筒中液体质量增加至 $M_f/2$ 时所对应的时间；

T_0——测试初始时间。

3 抗黏剂

3.1 技术指标

盾构抗黏剂是由除黏剂、表面活性剂、强力渗透剂和稳定剂等复配而成，目的是对开挖黏度较高的土体进行改良，使开挖土体呈"塑性流动状态"，减小土体颗粒间的接触和水的表面张力，分散降低渣土的黏性，防止黏土地层渣土黏附刀盘，保证盾构顺利掘进。

由于抗黏剂无法单独作为渣土改良剂使用，因此需要与泡沫剂配合使用，泡沫主要起包裹黏土颗粒、降低颗粒之间黏结的作用，而抗黏剂主要起分散作用，将大的黏土块分散为小的黏土颗粒，然后由泡沫包裹，降低土体黏附性。评价其性能采用动态黏聚力测试的方法，制作标准黏土样品，通过测试加入抗黏剂对黏土样品动态黏聚力的影响来体现抗黏剂的改良效果。

其产品优劣性能评判要求如表3-1所示。

表 3-1 抗黏剂质量优劣评价表

指标	分级		
	优	良	差
用量 (与泡沫原液比例)	1:4~1:3	1:3~1:1	>1:1
改良土动态黏聚力 (扭矩降低程度,%)	50~60	30~50	—

抗黏剂的性能测试中的主要指标如下:

(1) 渗透系数。在各向同性介质中,单位水力梯度下的单位流量,代表土的渗透性强弱的定量指标,表示流体通过孔隙骨架的难易程度。

(2) 黏度。黏度也可以称为黏度,是指流体对流动所表现的阻力。当流体(气体或液体)流动时,一部分在另一部分上面流动时就受到阻力,这是流体的内摩擦力。要使流体流动就需在流体流动方向上加一切线力以对抗阻力作用。黏度又有运动黏度和动力黏度两种。

(3) 水溶性。抗黏剂在水中的溶解性质。

(4) 金属腐蚀性。抗黏剂溶液作用在金属材料上,金属材料在抗黏剂及周围介质的作用下损坏的程度称为金属腐蚀性。

(5) 固含量。指一定质量的溶液或胶体在规定条件下烘干后剩余部分占总质量的质量百分数。

3.2 性能测试方法

3.2.1 外观、水溶性、金属腐蚀性

1. 外观

在25℃和非阳光直射下目测即可。

2. 水溶性

用任意比例的水稀释后,抗黏剂溶液应为均匀溶液,静置后无分层或沉淀现象,表示完全溶解,否则水溶性不合格。

3. 金属腐蚀性

将抗黏剂溶液常温[(23±2)℃]涂覆于金属高铬铸铁上,观察3h内金属板变色和腐蚀情况。

3.2.2 密度试验

1. 试验简介

本方法可参照《测定液体涂料、油墨和相关产品密度的标准试验方法》(ASTM D1475),用于测试抗黏剂的密度。可简要描述为首先使用25℃下蒸馏水来校准容器的容积,然后在标准温度(25℃)下使用相同容器测量该容器所盛放抗黏剂的质量,并规定25℃每毫升的克数为抗黏剂的密度。

2. 密度试验所需仪器

(1) 量杯,带容器盖,用于盛放抗黏剂;

(2) 恒温槽，保持在 25℃波动不超过 0.1℃为宜；
(3) 实验室分析天平；
(4) 温度计，温度计刻度为 0.1℃；
(5) 吸水纸，用以吸干溢出水。

3. 操作过程

(1) 清洁并干燥量杯，使其保持恒定质量。持续清洗、干燥和称重量杯，直到连续两次称重之间的差异不超过量杯质量的 0.001%。清洗的过程中手操作容器会在量杯壁上留下指纹，因此，建议使用钳子或用清洁、干燥的吸湿材料做护套的把柄。

(2) 将温度稍低于 25℃的蒸馏水加入量杯中，盖上量杯盖，让溢流口打开，立即用吸水纸擦干多余的溢流水，然后使用恒温槽来加热蒸馏水到 25℃，使用吸水纸来将溢出的水吸干。

(3) 使用实验室分析天平快速称量已装满的容器质量，并计算容器体积。

(4) 使用抗黏剂代替蒸馏水加入量杯中重复第 (2) 与第 (3) 步，称量出量杯和抗黏剂质量，计算抗黏剂密度。

4. 密度计算

容器体积计算如下：

$$V = (N-M)/\rho \tag{3-1}$$

式中 V——容器的容积，mL；

N——容器和水的质量，g；

M——干容器的质量，g；

ρ——25℃水的密度，g/mL。

抗黏剂密度计算如下：

$$D_d = (W - w)/V \quad (3\text{-}2)$$

式中　D_d——密度，g/mL；

W——抗黏剂与容器的质量，g；

w——干容器的质量，g；

V——容器的容积，mL。

3.2.3 pH 的测定

1. 试验简介

按照《表面活性剂 水溶液 pH 值的测定 电位法》（GB/T 6368—2008）的规定，将试样的水溶液在电磁搅拌器缓和搅拌下，保持 25℃，测定其 pH 值。本方法适用于抗黏剂溶液 pH 的测定。

2. 试验所需仪器

(1) pH 计；

(2) 磁力搅拌器；

(3) 烧杯，200mL；

(4) 温度计；

(5) 容量瓶，1000mL；

(6) 电子秤；

(7) 电极；

(8) 恒温水浴。

3. 操作过程

(1) 试样制备，利用电子秤称取 10g 试样置入烧杯中，用蒸馏水溶解，移入容量瓶中，稀释至刻度，轻微摇匀。

（2）pH计校正，按照仪器说明书进行校正。

（3）将制备好的溶液放入恒温水浴中，使其温度控制在20℃左右。

（4）将上述溶液倒入烧杯中，置于磁力搅拌器上搅拌30s。

（5）停止搅拌，插入电极，待pH计稳定30s后，记录读数。

（6）同一试样，需要测量三次或以上，将其中测量之差不大于0.1pH单位的值取平均数，作为该试样在该温度下的pH值。

3.2.4 运动黏度

1. 试验简介

根据《表面活性剂和洗涤剂 旋转黏度计测定液体产品的黏度和流动性质》（GB/T 15357—2014）规定测定得到动力黏度。运动黏度则以动力黏度除以抗黏剂溶液的密度表示。本测定方法适用于测定盾构用抗黏剂的黏度。

2. 仪器

（1）旋转黏度计，测量范围 $1\sim10^6$ mPa·s，测量误差±5%；

（2）恒温水浴，能控制在 20~30℃；

（3）温度计。

3. 操作过程

(1) 选择旋转黏度计,应选择测量范围窄的转子或剪切速率,使获得比较精准的测定值。

(2) 在测定抗黏剂的黏度之前,检验并校准黏度计。

(3) 将被测定的样品倒入恒温控制的测量容器,调节温度至所选的温度 25℃。

(4) 将所选的转子放入测量容器内接到转轴上,转子浸没在试样中心,并使样品液面在转子液位标线,并防止转子产生气泡。

(5) 启动黏度计,开始测量,每 30s 记录一个读数,每一组需记录 3 个读数,最后取其平均值。

4. 测定结果

(1) 抗黏剂的黏度 η 为:

$$\eta = K \cdot \alpha \quad (3\text{-}3)$$

式中　η——抗黏剂在 25℃下的动力黏度;

　　　K——系数,根据所选转子及转速,由仪器给定;

　　　α——读数值。

(2) 抗黏剂的运动黏度 ν 为:

$$\nu = \frac{\eta}{\rho} \quad (3\text{-}4)$$

式中　ρ——25℃下,抗黏剂的密度。

3.2.5　固含量

1. 试验简介

参考标准《水处理剂 聚丙烯酸钠》(HG/T 2838—2018),在一定温度下,将试样置于电热恒温干燥箱内烘干至恒量。本测定方法适用于测定盾构用抗黏剂的固含量。

2. 仪器设备

扁型称量瓶：$\phi 60mm \times 30mm$。

3. 操作过程

（1）用预先在（120±2）℃下干燥至恒量的称量瓶，称取约1g试样，精确至0.2mg。

（2）小心摇动，使试样自然流动，于瓶底形成一层均匀的薄膜。

（3）放入电热恒温干燥箱中，由室温开始加热，于（120±2）℃下干燥4h。

（4）取出，放入干燥器中冷却至室温，然后称量。

4. 测定结果

固体含量以质量分数 ω_1 计，按下式计算：

$$\omega_1 = \frac{m_2 - m_1}{m} \times 100\% \tag{3-5}$$

式中 m_1——称量瓶的质量的数值，g；

m_2——干燥后的试样和称量瓶的质量的数值，g；

m——试料的质量的数值，g。

计算结果表示到小数点后2位。

3.2.6 动态黏聚力试验

1. 试验简介

本方法用于测试抗黏剂的改良效果。可简要描述为通过旋转的金属圆盘剪切改良土体，以评估土体和金属之间通过摩擦产生的侧向黏附力。旋转过程中的扭矩值由连接在连杆上的传感器记录，通过改良前后扭矩值的变化来体现抗黏剂的改良效果。

2. 试验所需仪器

（1）量杯，带容器盖，用于盛放抗黏剂；

（2）恒温槽，保持在 25℃ 波动不超过 0.1℃ 为宜；

（3）动态黏聚力测试设备；

（4）笔记本电脑一台。

3. 操作过程

（1）制备标准黏土试样，由高岭土、伊利土、膨润土制备而成，具体比例为：高岭土：伊利土细颗粒：伊利土中颗粒：伊利土粗颗粒：膨润土＝1.2：1：1：1：1，制备完成后加入水使其含水量为 20%。

（2）在圆筒形容器填充改良土样，并将土进行压实，然后用千斤顶将上板施加在土上，模拟盾构推力，在此过程中，加载压力保持恒定在 100kPa。

（3）保持金属盘旋转几秒钟，直到初始载荷稳定。

（4）将金属盘设置为距底部 100mm、200mm 和 300mm，分别保持圆盘绕着与装置相连的轴有规律地旋转 300s，重复三次。

（5）通过传感器记录所测得的试验扭矩值，求出三次试验的平均值，作为最终试验结果。

4 喷涌防止剂

4.1 技术指标

盾构渣土改良用喷涌防止剂是由多种聚合物复配而成,其长链结构能够吸附土颗粒使其互相黏结形成絮凝,减小土颗粒周边自由水,提高盾构渣土的黏聚力,减小内摩擦角,降低土体的渗透性,解决盾构喷涌问题。其产品性能应满足表4-1的要求。

通过对改良标准砂进行坍落度和渗透试验测试的方法,来体现喷涌防止剂的改良效果。

表4-1 喷涌防止剂质量优劣评价表

指标	分级		
	优	良	差
用量(与泡沫原液比例)	1:6~1:3	1:3~1:1	>1:1
浓度(单独使用)(%)	3~5	5~10	>10
改良砂坍落度(cm)	10~20	>20	—
改良砂渗透系数(m/s)	5.0×10^{-6}~1.0×10^{-6}	1.0×10^{-5}~5.0×10^{-6}	—

喷涌防止剂的性能测试中主要指标如下:

（1）固含量。指一定质量的溶液或胶体在规定条件下烘干后剩余部分占总质量的质量百分数。

（2）渗透系数。在各向同性介质中，单位水力梯度下的单位流量，代表土的渗透性强弱的定量指标，表示流体通过孔隙骨架的难易程度。

（3）黏度。黏度也可以称为黏度，是指流体对流动所表现的阻力。当流体（气体或液体）流动时，一部分在另一部分上面流动时就受到阻力，这是流体的内摩擦力。要使流体流动就需在流体流动方向上加一切线力以对抗阻力作用。

（4）水溶性。喷涌防止剂在水中的溶解性质。

（5）金属腐蚀性。喷涌防止剂溶液作用在金属材料上，金属材料在喷涌防止剂溶液及周围介质的作用下损坏的程度称为金属腐蚀性。

》 4.2 性能测试方法

4.2.1 外观、水溶性、金属腐蚀性

1. 外观

在 25℃和非阳光直射下目测即可。

2. 水溶性

用任意比例的水稀释后，喷涌防止剂溶液应为均匀溶液，静置后无分层或沉淀现象，表示完全溶解，否则水溶性不合格。

3. 金属腐蚀性

将喷涌防止剂溶液常温[（23±2）℃]涂覆于金属高铬铸铁上，观察3h内金属板变色和腐蚀情况。

4.2.2 密度试验

1. 试验简介

按照《化工产品密度、相对密度的测定》（GB/T 4472—2011）中规定的密度计法检测，由密度计在被测定液体中达到平衡状态时所浸没的深度读出该液体的密度。本测定方法适用于盾构用喷涌防止剂液体密度的测量。

2. 密度试验所需仪器

（1）密度计，标准温度为20℃，分度值为0.001g/cm^3；

（2）恒温水浴；

（3）玻璃量筒，200mL；

（4）温度计，最大可测50℃，分度值为0.1℃。

3. 操作过程

（1）将盛放量筒清洁、干燥，把待测试样缓慢注入量筒内，要求在此过程中不得有气泡产生。

（2）将盛放试样的量筒置于20℃的恒温水浴中。

（3）待温度保持稳定后，将清洁干燥的密度计缓慢地放入试样中，并要求密度计下端离量筒底部2cm以上，不能与侧壁接触，密度计的上端露出在液面上的部分所蘸液体不得超过（2～3）分度。

（4）待密度计在液体中稳定后，读出密度计弯月面下缘的刻度,记录读数 ρ。

4. 密度计算

常温 t℃下喷涌防止剂的密度 ρ_t:

$$\rho_t = \rho + \rho \times \alpha (20-t) \qquad (4-1)$$

式中 ρ——喷涌防止剂试样在 t℃时密度计的读数,g/cm³;

α——密度计的玻璃膨胀系数,一般为 0.000025;

20——密度计的标准温度,℃;

t——测定时的温度,℃。

最后,根据此公式及试验数据,将得到 t℃下喷涌防止剂的密度 ρ_t。

常温 t℃下喷涌防止剂的密度 ρ_t 换算为 20℃时的密度 ρ_{20} (g/cm³),按下式计算:

$$\rho_{20} = \rho_t + k(t-20) \qquad (4-2)$$

式中 k——试样密度的温度校正系数。

4.2.3 pH 的测定

1. 试验简介

按照《聚合物和共聚物水分散体 pH 值测定方法》(GB/T 8325—1987) 中的规定,将玻璃电极和甘汞电极浸入喷涌防止剂溶液中,在两电极之间产生电位差,该电位差值可以直接在酸度计的指示表上以 pH 值读出。本方法适用于喷涌防止剂溶液 pH 值的测定。

2. 试验所需仪器

(1) 酸度计,测量精度为 0.1pH 值,附有玻璃电极

和甘汞电极;

（2）烧杯，200mL；

（3）量筒，200mL；

（4）温度计；

（5）恒温水浴，(23±1)℃。

3. 操作过程

（1）试样制备，取三个试样，每个试样取约 50mL 水分散体。

（2）按酸度计的说明书浸泡玻璃电极和校正仪器，同种试样应选择同一种标准缓冲液进行校正。

（3）用量筒量取约 50mL 水分散体倒入烧杯作为试样。

（4）将盛试样的烧杯放入恒温水浴中，使其温度控制在 23℃ 左右，待试样的温度与恒温浴的温度达到平衡后，将用蒸馏水洗过并用柔软的吸水纸擦干的电极插入烧杯中，稍加振荡稳定后进行测定，取连续三次测定不变值为 pH 值，其值取到小数点后第一位。

（5）按（3）和（4）步再进行其余两个试样的 pH 值测定。若三个试样的 pH 值差值大于 0.3，则应重新取三个试样再次测定，直至 pH 值的差值不大于 0.3 为止。

（6）取三个试样的 pH 值的算术平均值，作为该试样在该温度下的 pH 值。

4.2.4 运动黏度

1. 试验简介

根据《表面活性剂和洗涤剂 旋转粘度计测定液体产

品的粘度和流动性质》(GB/T 15357—2014) 规定测定得到动力黏度。本测定方法适用于测定盾构用喷涌防止剂的黏度。

2. 仪器

（1）旋转黏度计，测量范围 $1\sim10^6$ mPa·s，测量误差 $\pm 5\%$；

（2）恒温水浴，能控制在 20~30℃；

（3）温度计，分度 0.1℃。

（4）玻璃烧杯，内径不小于 70mm，深度不低于 110mm。

3. 操作过程

（1）选择旋转黏度计，应选择测量范围窄的转子或剪切速率，使获得比较精准的测定值；

（2）在测定喷涌防止剂的黏度之前，检验并校准黏度计；

（3）将被测定的样品倒入烧杯或专用测量容器内，通过恒温水浴调节试样温度至所选的温度（通常为 23℃）；

（4）将所选的转子放入测量容器内接到转轴上，转子浸没在试样中心，并使样品液面在转子液位标线，并防止转子产生气泡；

（5）启动黏度计，开始测量，每 30s 记录一个读数，每一组需记录 3 个读数，最后取其平均值。

4. 测定结果

（1）喷涌防止剂的动力黏度 η 为：

$$\eta = K \cdot \alpha \tag{4-3}$$

式中 η——喷涌防止剂在23℃下的动力黏度，mPa·s；
　　K——系数，根据所选转子及转速，由仪器给定；
　　α——读数值。

（2）喷涌防止剂的运动黏度 ν 为：

$$\nu = \frac{\eta}{\rho} \tag{4-4}$$

式中 ρ——在25℃下，喷涌防止剂的密度。

4.2.5 固含量

1. 试验简介

参考标准《水处理剂 聚丙烯酸钠》（HG/T 2838—2018），在一定温度下，将试样置于电热恒温干燥箱内烘干至恒量。本测定方法适用于测定盾构用喷涌防止剂的固含量。

2. 仪器设备

扁型称量瓶：ϕ60mm×30mm。

3. 操作过程

（1）用预先在（120±2）℃下干燥至恒量的称量瓶，称取约1g试样，精确至0.2mg。

（2）小心摇动，使试样自然流动，于瓶底形成一层均匀的薄膜。

（3）放入电热恒温干燥箱中，由室温开始加热，于（120±2）℃下干燥4h。

（4）取出，放入干燥器中冷却至室温，然后称量。

4. 测定结果

固体含量以质量分数 ω_1 计,按下式计算:

$$\omega_1 = \frac{m_2 - m_1}{m} \times 100\% \quad (4-5)$$

式中　m_1——称量瓶的质量的数值,g;

　　　m_2——干燥后的试样和称量瓶的质量的数值,g;

　　　m——试料的质量的数值,g。

计算结果表示到小数点后 2 位。

4.2.6　坍落度试验

1. 试验简介

坍落度是一个体现出改良状态多方面的综合指标,包含了黏聚性、流动性和保水性三个方面,当改良后渣土的和易性较好、坍落度较高时,渣土的流动性较好,在盾构施工中螺旋出土机能够有效控制排土量,有效控制土仓压力,维持掘削面的稳定状态。所以,坍落度这一指标在施工开挖掘进土体改良中被普遍采用。本测定方法适用于测定改良后土体的坍落度。

2. 所需仪器设备

(1) 标准坍落度筒;

(2) 测量尺;

(3) 金属刮刀;

(4) 捣锤。

3. 操作过程

用一个上口 100mm、下口 200mm、高 300mm 喇叭

状的标准坍落度筒，灌入改良后渣土并分三次填装，每次填装后用捣锤沿筒壁均匀由外向内击 25 下，捣实后，用刮刀抹平。然后拔起筒，渣土因自重产生坍落现象，用筒高减去坍落后混凝土最高点的高度，该差值即为改良后土体的坍落度。

4.2.7 渗透试验

1. 试验简介

本测定方法适用于改良后土体的渗透系数，下文中用符号 k 表示，根据《土工试验方法标准》（GB/T 50123—1999）测定，其原理为运用渗透装置测出渗流量，不同点的水头高度，计算出渗流速度和水力梯度以及渗透系数，从而表征改良后土体的渗透性。由于此处测量改良标准砂的渗透性，因此采用常水头渗透试验。

2. 试验所需仪器以及材料

（1）常水头标准渗透仪；

（2）电子秤；

（3）秒表；

（4）测量尺；

（5）吸水球。

3. 试验步骤

（1）装好仪器并检查各管路接头处是否漏水，将调节管与供水管连通，由仪器底部充水至水位略高于金属孔板，关止水夹。

（2）取具有代表性的风干试样 2500g，称量准确至 1.0g。

（3）将试样分层装入圆筒，每层厚 2～3cm，用木槌轻轻击实到一定厚度，以控制其孔隙比。

（4）每层试样装好后连接供水管和调节管，并由调节管中进水，微开止水夹使试样逐渐饱和。当水面与试样顶面齐平，关止水夹。饱和时水流不应过急，以免冲动试样。

（5）依上述步骤逐层装试样，至试样高出上测压孔 3～4cm 为止。在试样上端放置金属孔板作缓冲层，待最后一层试样饱和后，继续使水位缓缓上升至溢水孔，当有水溢出时，关止水夹。

（6）试样装好后，量测试样顶部至仪器上口的剩余高度，计算试样净高。称剩余试样质量准确至 1g，计算装入试样总质量。

（7）静置数分钟后，检查各测压管水位是否与溢水孔齐平。如不齐平，说明试样中或测压管接头处有积气阻隔，用吸水球进行吸水排气处理。

（8）提高调节管，使其高于溢水孔。然后将调节管与供水管分开，并将供水管置于金属圆筒内。开止水夹，使水由上部注入金属圆筒内。

（9）降低调节管口，使位于试样上部 1/3 处，造成水位差。水即渗过试样，经调节管流出。在渗透过程中应调节供水管夹，使供水管流量略多于溢出水量。溢水孔应始终有余水溢出以保持常水位。

（10）测压管水位稳定后，记录测压管水位。计算各测压管间的水位差。

(11) 开动秒表,同时用量筒接取经一定时间的渗透水量,并重复1次。接取渗透水量时,调节管口不可没入水中。

(12) 降低调节管口至试样中部及下部处,以改变水力坡降。按(10)和(11)规定重复进行测定。

4. 试验公式

改良后土体的渗透系数按下式计算

$$k = \frac{QL}{AHt} \tag{4-6}$$

5 耐磨抑尘剂

5.1 技术指标

TBM掘进机用耐磨抑尘剂是由表面活性剂、稳定剂、强化剂和分散剂等复配而成，用耐磨抑尘剂配置而成的稀释液经过起泡装置后能够产生均匀的泡沫，由泡沫组成的泡沫网能够阻隔粉尘的传播路径，达到抑尘效果，并减少刀具与岩石接触的摩擦力，降低刀具磨损。

耐磨抑尘剂是一种液态高分子聚合物，适用于含硬岩地层掘进；耐磨抑尘剂能有效改善渣土性状。含硬岩软土复合地层施工中，不使用耐磨抑尘剂，会造成渣土过分稀释，出渣及运输困难，渣土黏附在渣土传送带上。使用耐磨抑尘剂后，渣土中无自由水，出渣顺畅，渣土方便运输。其原理是泡沫化的耐磨抑尘剂吸附于渣土颗粒及其周围自由水表面，大大减小了颗粒间接触和水表面张力，降低接触面粗糙度和渣土之间的摩擦力，起到润滑作用，改善渣土流动性、渗透性，并防止黏附。

在实际中，TBM用耐磨抑尘剂质量优劣等级划分如表 5-1 所示。

表 5-1　TBM 用耐磨抑尘剂质量优劣评价表

指标	分级		
	优	良	差
耐磨抑尘剂浓度（%）	2~3	4~6	>6
发泡倍率（倍）	20±2.5	15±2.5	—
半衰期（min）	15±2.5	10±2.5	—

耐磨抑尘剂的性能测试中主要的指标如下：

（1）发泡倍率。指一定体积的耐磨抑尘剂稀释液通过发泡装置所制得泡沫的体积与泡沫剂溶液的体积比，用于衡量泡沫的起泡能力。

（2）半衰期。泡沫体积消失为初始泡沫体积一半所消耗的时间。

（3）运动黏度。流体的动力黏度与同温度下该流体的密度的比值称为运动黏度。它是这种流体在重力作用下流动阻力的度量。

（4）水溶性。耐磨抑尘剂在水中的溶解性质。

（5）金属腐蚀性。耐磨抑尘剂溶液作用在金属材料上，金属材料在耐磨抑尘剂溶液及周围介质的作用下损坏的程度称为金属腐蚀性。

（6）湿润性。TBM 耐磨抑尘剂的湿润性指的是棉布浸没于表面活性剂时，溶液取代棉布中包裹空气的能力。

5.2 性能测试方法

5.2.1 外观、水溶性、金属腐蚀性

1. 外观

在25℃和非阳光直射下目测即可。

2. 水溶性

用任意比例的水稀释后,耐磨抑尘剂溶液应为均匀溶液,静置后无分层或沉淀现象,表示完全溶解,否则水溶性不合格。

3. 金属腐蚀性

将耐磨抑尘剂溶液常温[(23±2)℃]涂覆于金属高铬铸铁上,观察3h内金属板变色和腐蚀情况。

5.2.2 密度试验

1. 试验简介

本方法可参照《测定液体涂料、油墨和相关产品密度的标准试验方法》(ASTM D1475),用于测试耐磨抑尘剂的密度。可简要描述为首先使用25℃的蒸馏水来校准容器的容积,然后在标准温度(25℃)下使用相同容器测量该容器所盛放耐磨抑尘剂的质量,并规定25℃每毫升的克数为耐磨抑尘剂的密度。

2. 密度试验所需仪器

(1) 量杯,带容器盖,用于盛放耐磨抑尘剂;

(2) 恒温槽，保持在 25℃波动不超过 0.1℃为宜；

(3) 实验室分析天平；

(4) 温度计，温度计刻度为 0.1℃；

(5) 吸水纸，用以吸干溢出水。

3. 操作过程

(1) 清洁并干燥量杯，使其保持恒定质量。持续清洗、干燥和称重量杯，直到连续两次称重之间的差异不超过量杯质量的 0.001%。清洗的过程中手操作容器会在量杯壁上留下指纹，因此，建议使用钳子或用清洁、干燥的吸湿材料做护套的把柄。

(2) 将温度稍低于 25℃的蒸馏水加入量杯中，盖上量杯盖，让溢流口打开，立即用吸水纸擦干多余的溢流水；然后使用恒温槽来加热蒸馏水到 25℃，使用吸水纸来将溢出的水吸干。

(3) 使用实验室分析天平快速称量已装满的容器质量，并计算容器体积。

(4) 使用耐磨抑尘剂代替蒸馏水加入量杯中重复第(2) 步与第 (3) 步，称量出量杯和耐磨抑尘剂质量，计算耐磨抑尘剂密度。

4. 密度计算

容器体积计算如下：

$$V = (N-M)/\rho \tag{5-1}$$

式中 V——容器的容积，mL；

N——容器和水的质量，g；

M——干容器的质量，g；

ρ——25℃水的密度，g/mL。

耐磨抑尘剂密度计算如下：

$$D_m = (W-w)/V \tag{5-2}$$

式中 D_m——耐磨抑尘剂的密度，g/mL；

W——耐磨抑尘剂与容器的质量，g；

w——干容器的质量，g；

V——容器容积，mL。

5.2.3 pH 的测定

1. 试验简介

按照《表面活性剂 水溶液 pH 值的测定 电位法》（GB/T 6368—2008）的规定，将试样的水溶液在电磁搅拌器缓和搅拌下，保持 25℃，测定其 pH 值。本方法适用于耐磨抑尘剂溶液 pH 的测定。

2. 试验所需仪器

（1）pH 计；

（2）磁力搅拌器；

（3）烧杯，200mL；

（4）温度计；

（5）容量瓶，1100mL；

（6）电子秤；

（7）电极；

（8）恒温水浴。

3. 操作过程

（1）试样制备。利用电子秤称取 10g 试样置入烧杯中,用蒸馏水溶解,移入容量瓶中,稀释至刻度,轻微摇匀。

(2) pH 计校正。按照仪器说明书进行校正。

(3) 将制备好的溶液放入恒温水浴中,使其温度控制在 20℃左右。

(4) 将上述溶液倒入烧杯中,置于磁力搅拌器上搅拌 30s。

(5) 停止搅拌,插入电极,待 pH 计稳定 30s 后,记录读数。

(6) 同一试样,需要测量三次或以上,将其中测量之差不大于 0.1pH 单位的值取平均数,作为该试样在该温度下的 pH 值。

5.2.4 运动黏度

1. 试验简介

本方法可参照《石油产品运动粘度测定法和动力粘度计算法》(GB/T 265—88),用于测试在规定的试验条件下耐磨抑尘剂运动黏度。可简要描述为在某一恒定的温度下,测定一定体积的耐磨抑尘剂在重力下流过一个标定好的玻璃毛细管黏度计的时间。黏度计的毛细管常数与流动时间的乘积,即为该温度下测定液体的运动黏度。

2. 仪器设备

(1) 毛细管黏度计一组,毛细管内径为:0.4,0.6,0.8,1.0,1.2,1.5,2.0,2.5,3.0,3.5,4.0,5.0 和

6.0 (mm);

(2) 带有透明壁或装有观察孔的恒温浴，其高度不小于 180mm，容积不小于 2L，并且设有自动搅拌装置和一种能够准确地调节温度的电热装置；

(3) 玻璃水银温度计，温度计分格为 0.1℃；

(4) 秒表，分格为 0.1s。

3. 操作过程

(1) 将黏度计调整成垂直状态，利用铅垂线从两个相互垂直的方向去检查毛细管的垂直情况，将恒温浴温度调整到 40℃，把装好试样的黏度计浸在恒温浴内，经恒温 15min。试验的温度必须保持恒定到 ±0.1℃。

(2) 利用毛细管黏度计上所套着的橡胶管将试样吸入扩张部分，使试样液面稍高于标线 a。

(3) 观察试样在管身中的流动情况，液面正好到达标线 a 时，开动秒表，液面正好流到标线 b 时，停止秒表，记录下流动时间。

4. 试验注意事项

用秒表记录下来的流动时间，应重复测定至少四次，其中各次流动时间与其算术平均值的差数应符合如下的要求：这个差数不应超过算术平均值的 ±0.5%。然后，取不少于三次的流动时间所得的算术平均值，作为试样的平均流动时间。

5. 测定结果

$$v_t = c \cdot \tau_t \tag{5-3}$$

式中 v_t——运动黏度，mm^2/s；

c——黏度计常数，mm^2/s^2；

τ_t——试样的平均流动时间，s。

5.2.5 发泡倍率

1. 试验简介

发泡倍率是TBM用耐磨抑尘剂的一项重要指标，指一定体积的耐磨抑尘剂溶液所制得的泡沫体积与形成该泡沫溶液的体积比，用于衡量泡沫的起泡能力。本测定方法适用于测定TBM用耐磨抑尘剂的发泡倍率。

2. 仪器

(1) 量筒：1100mL；

(2) 电子秤：精度0.01g；

(3) 泡沫发生器；

(4) 刮刀；

(5) 烧杯，500mL。

3. 操作过程

(1) 试样制备，通过电子秤称取11g表面活性剂置入清洁、干燥的烧杯中，按一定比例加入蒸馏水溶解，并缓慢搅拌均匀；

(2) 用电子秤称量洁净、干燥的量筒的质量，记录读数；

(3) 将上述制备的耐磨抑尘剂溶液加入泡沫发生器的盛放容器中进行发泡；

（4）把生成的泡沫填满称好质量的量筒中，并用刮刀抹平泡沫表面；

（5）称取量筒和泡沫的总质量，记录读数。

4. 测定结果

利用下面公式可计算得到发泡倍率：

$$FER = \frac{V}{M_1 - M_0} \times \rho \qquad (5\text{-}4)$$

式中 FER——泡沫发泡倍率；

M_1——量筒和泡沫的总质量，g；

M_0——量筒的质量，g；

V——量筒内泡沫的体积，g；

ρ——泡沫的密度，这里取 $1g/m^3$。

5.2.6 半衰期

1. 试验简介

半衰期是TBM用耐磨抑尘剂的一项重要指标，它体现的是耐磨抑尘剂产生泡沫的稳定性，具体指的是泡沫体积消失为初始泡沫体积一半所消耗的时间，本测定方法适用于测定TBM用耐磨抑尘剂的半衰期。

2. 仪器

（1）量筒：300mL、1000mL各一只；

（2）电子秤，精度0.01g；

（3）泡沫发生器；

（4）秒表；

（5）漏斗；

(6) 铁架。

3. 操作过程

(1) 试样制备。使用电子秤称取 10g 表面活性剂置入清洁、干燥的烧杯中,按一定比例加入蒸馏水溶解,并缓慢搅拌均匀。

(2) 用电子秤称量洁净、干燥量筒的质量,记录读数。

(3) 利用上述溶液置入泡沫发生器进行发泡。

(4) 将泡沫填入量筒内,并用电子秤称取量筒和泡沫的总质量,记录读数。

(5) 按如图 5-1 所示,将量筒倒置固定(利用铁架)在漏斗上方,并在漏斗口放置小量筒(小量筒放在电子秤上)用来盛放液体。

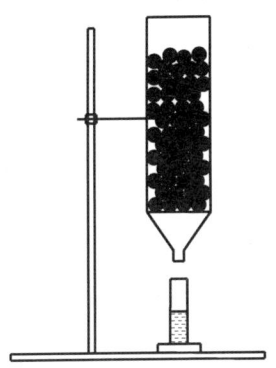

图 5-1 半衰期试验示意图

(6) 开始计时,记录初始读数。

(7) 直至小量筒中液体质量增加至泡沫质量的一半

时,停止计时,记录读数。

4. 测定结果

(1) 试验中量筒内泡沫的质量为:

$$M_f = M_1 - M_0 \tag{5-5}$$

式中 M_f——量筒中泡沫的质量,g;

M_1——量筒和泡沫的总质量,g;

M_0——量筒的质量,g。

(2) 该泡沫的半衰期为 T 为:

$$T = T_1 - T_0 \tag{5-6}$$

式中 T——耐磨抑尘剂的半衰期;

T_1——小量筒中液体质量增加至 $M_f/2$ 时所对应的时间;

T_0——测试初始时间。

5.2.7 湿润性

1. 试验简介

本方法用于测试在规定的试验条件下耐磨抑尘剂湿润性,湿润性是评价耐磨抑尘剂抑尘性的一种重要指标。可简要描述为用棉布浸没于耐磨抑尘剂溶液,测定棉布在空气中的润湿时间,来评价耐磨抑尘剂的润湿性。

2. 仪器

(1) 烧杯:1000mL;

(2) 量筒:1000mL;

(3) 浸没夹:由直径约 2mm 的不锈钢丝制成;

(4) 秒表：精确到 0.1s。

3. 操作过程

(1) 可先用 40℃ 温水将 1g 耐磨抑尘剂调成浆状，然后用约 20℃ 的水稀释，并定量移入 1000mL 容量瓶中，用水稀释至刻度，并混匀。将溶液保持在 (20±2)℃，直至试验开始。

(2) 截取直径 30mm 的圆片。为了不使棉布表面沾污脂肪和汗渍而影响测量，应避免用手指触摸棉布。

(3) 将烧杯用重铬酸钾硫酸洗液浸泡，用蒸馏水冲洗至中性，最后用少量表面活性剂试验溶液冲洗。

(4) 加入耐磨抑尘剂溶液，调节浸没夹（图 5-2），使夹持的棉布圆片位于液面上方，棉布圆片保持近于垂直。

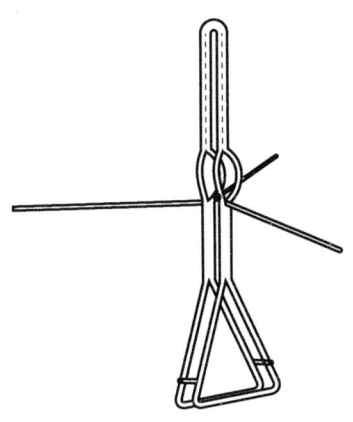

图 5-2 浸没夹式样图

(5) 将棉布浸入到试液中,当布片下端一接触溶液时,立即启动秒表,同时将平面三叉臂放在烧杯口上,并使浸没夹张开。

(6) 当布片开始自动下沉时,停止秒表,记录时间为湿润时间。

6 盾尾密封油脂

6.1 技术指标

盾尾密封油脂是一种有效保护盾尾、隔绝外部浆液和地下水、保证盾尾密封安全的密封材料，主要起到密封防水、润滑、防蚀的作用。盾尾密封油脂的润滑和密封作用，可以有效地保护盾尾多道弹簧钢片与钢丝刷，又共同隔绝土层泥沙与注浆材料回流，保证盾构的顺利推进。盾尾密封油脂对钢丝刷及钢结构有防锈、防蚀和减少磨损的功效，对提高盾构施工质量和工作效率起到了较好的作用。

盾尾密封油脂作为盾构施工中重要的功能材料，可保障盾尾密封安全，一旦盾尾油脂质量不佳或者用量、压力不足，极易造成盾尾密封效果不好甚至盾尾密封失效。

盾尾密封油脂质量优劣等级划分如表6-1所示。

表6-1 盾尾密封油脂质量优劣评价表

指标	分级		
	优	良	差
密度（g/cm³）（20℃）	≥1.25		<1.25

续表

指标	分级		
	优	良	差
稠度（25℃）	210～235	＞235～255	＞255
密封性 （水压测试，8bar，25℃）	1mm 筛网 密封时间＞5min	0.5mm 筛网 密封时间＞5min	0.5mm 筛网 密封时间＜5min
阻燃性（min）	≤5	＞5～8	＞8
闪点（℃）	≥250	150～＜250	—
黏附性，mm（20℃）	≤30		＞30

盾尾密封油脂的性能测试中主要的指标如下：

（1）密度。盾尾密封油脂的密度即在温度 25℃下，单位体积下盾尾密封油脂的质量，单位为 kg/m^3。

（2）锥入度。盾尾密封油脂的锥入度是在 25℃时，将锥体组合件从锥入度仪上释放，使锥体下落 5s，并测定其刺入深度，其单位以 0.1mm 表示。

（3）抗水压密封性。指盾尾密封油脂密封油脂腔，从而保护盾壳内部不受外部水、注浆浆液或其他流体侵入的性能。该特性主要以在一定空气压力下，一定孔径的金属网上的油脂层抵抗水透过的保压时间来测定。

（4）黏附性。用来表征盾尾密封油脂对于金属的黏附性能的指标。该指标是将油脂水平放置在支撑板的铁板上，并在一定质量的铁块下放置 2min，然后移走铁块将支撑板竖直放置，测量钢板 D 向下移动的距离。

(5) 下垂度。它是一项盾尾密封油脂的检测指标，指在规定条件下将盾尾密封油脂注入规定尺寸的模具中，在一定温度下以垂直和水平的位置保持规定时间，测出试样流出模具端部的长度。

(6) 可泵性。这里专指盾尾密封油脂的可泵性，指盾尾密封油脂便于利用油脂泵泵入盾尾的程度。以在25℃，1.0MPa气压下，通过一定孔径的毛细管的流量来表示，单位为 g/min。

(7) 蒸发损失率。盾尾密封油脂在高温下的蒸发损失程度。其方法主要是将油脂放于规定温度下恒温浴中的蒸发器中，热空气通过试样表面22h，根据试样失重量计算蒸发损失。

(8) 闪点。这是盾尾密封油脂的物理指标，指油脂在加热蒸发后接触火焰后产生短暂闪火时的最低温度。

(9) 抗水冲失性。指盾尾密封油脂抵抗水冲失的性能。将油脂涂抹在一块不锈钢板上，在规定温度和压力下喷水，经5min后，测定盾尾密封油脂的喷水失重百分数，作为油脂抗水冲失性的量度。

(10) 金属腐蚀性。用于测试盾尾密封油脂对金属部件可能存在的化学腐蚀性能。

(11) 产品稳定性。用于测试盾尾密封油脂在4500r/min离心机转速下保持5min的稳定性能。

(12) 阻燃性。用于测定盾尾密封油脂抵抗和延缓燃烧的性能。

6.2 性能测试方法

6.2.1 外观、颜色、气味

1. 外观、颜色

取样 100g 于透明玻璃容器中,在 25℃和非阳光直射下目测即可。

2. 气味

取样 100g 于初始无气味密封瓶子中,静置后由测试者对气味进行评估。

6.2.2 密度试验

1. 试验简介

本测定方法适用于测定盾尾密封油脂在正常堆积状态下单位体积的质量(即质量密度),下文中用符号 ρ_f 表示,根据《建筑密封材料试验方法 第 2 部分:密度的测定》(GB/T 13477.2)测定,其原理为在金属圆环或金属模框中填充盾尾密封油脂制成试件,填充前后分别称量金属环或金属模框以及试件在空气中和在试验液体中的质量,计算密封油脂的密度,试验标准条件为试验温度(23±2)℃,相对湿度 50%±5%。

2. 试验所需仪器及材料

(1) 耐腐蚀的金属环:尺寸为内径(30±1.0)mm,高(10±0.1)mm。每个环上有吊钩,以便称量时用不

6 盾尾密封油脂

吸水的丝线悬挂，金属环形状及尺寸如图 6-1 所示；

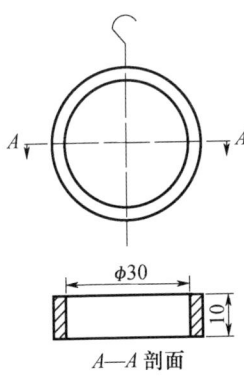

图 6-1 金属环

(2) 电子秤；

(3) 密度天平，分度值 0.001g，能称量试件在试验液体中质量和空气中质量；

(4) 防黏材料：用于制备金属环试件，如潮湿的滤纸；

(5) 试验液体：温度 (23±2)℃，含量低于 0.25% 的低泡沫表面活性剂水溶液；对于水溶液或吸水性等水敏感性密封胶，应采用密度为 0.69g/mL 的化学纯 2,2,4-三甲基戊烷（异辛烷）。

(6) 刮刀。

3. 试验步骤

(1) 试验前，将待测样品、试验用具和材料在标准试验条件下放置至少 24h，使用金属环法或金属模框法，每种方法应制备3个试件。

（2）用密度天平称量每个金属环在空气中的质量（m_1）和在试验液体中的质量（m_2）。

（3）将金属环表面附着的试验液体擦拭干净后放在防黏材料上，然后将已按步骤（1）处理好的密封试件试样填满金属环。嵌填试样时应注意下列事项：

① 避免形成气泡；

② 将密封胶在金属环的内表面上压实，确保充分接触；

③ 修整密封胶表面，使之与金属环的上缘齐平；

④ 立即从防黏材料移走金属环试件，以使密封胶的背面齐平。

（4）立即称量已填满试样的金属环试件在空气中的质量（m_3）和在试验液体中的质量（m_4），且应在30s内完成，对于水敏感性密封胶，在异辛烷中的称量应在表干后立即进行。

（5）将数据代入公式，计算油脂密度ρ_f。

4. 试验公式

单个试件的密度应按下式计算

$$\rho_f = \frac{w_3 - w_1}{w_3 - w_1 + w_2 - w_4} \cdot \rho_w \qquad (6-1)$$

式中　ρ_f——23℃时盾尾密封油脂密度，g/cm³；

　　　m_1——填充密封胶前金属环或金属模框在空气中称量的质量，g；

　　　m_2——填充密封胶前金属环或金属模框在试验液

体中称量的质量，g；

m_3——试件制备后立即在空气中称量的质量，g；

m_4——试件制备后立即在试验液体中称量的质量，g；

ρ_w——23℃时试验液体密度，g/mL。

试验结果以 3 个试件的算术平均值表示，精确至 0.01g/mL。

6.2.3 稠度试验（锥入度测试）

1. 试验简介

盾尾密封油脂稠度是其固态或流动性程度的定量表示，代表其软硬程度或受外力作用所引起变形或破坏的抵抗能力。本测定方法适用于测定盾尾密封油脂在室温下的稠度。

2. 锥入度测试所需仪器设备

(1) 稠度仪；

(2) 样品杯：内径为 90mm，高度为 122mm；

(3) 金属刮刀。

3. 操作过程

(1) 将仪器固定在水平的工作台上并开机；

(2) 待显示屏显示内容后，调整温度为 20~25℃；

(3) 将测试头调整到最高位置，固定测试头位置；

(4) 将测试杆托至顶端，调零；

(5) 使用金属刮刀取部分样品置于样品杯，使表面平整无气泡；

(6) 将样品杯置于测试头下,调整测试头使测试针针尖恰好与试样表面接触;

(7) 开始测试,记录测试结果。

4. 测试需注意事项

(1) 稠度测试为减小误差,试验需要进行多次,且每次所得数据间差值不得超过 1,取符合要求的多个数据计算算术平均值。

(2) 每次测试后,为了避免对测试针造成扰动而影响测试精度,需将测试头调整至顶端后再将样品取出。

6.2.4 密封性试验

1. 试验简介 (图 6-2)

盾尾密封油脂的密封性通过水压试验来进行测定;本方法适用于测定盾尾密封油脂的密封性。

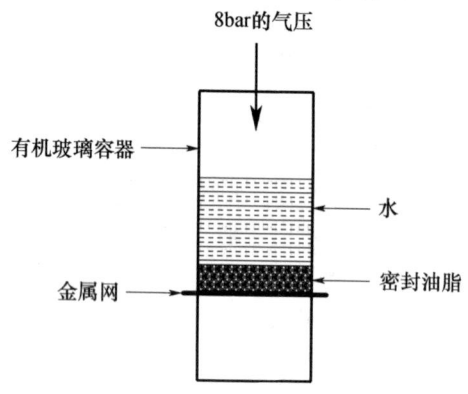

图 6-2 密封性试验示意图

2. 仪器设备

(1) 加压泵：可提供最大气压为 15bar；

(2) 有机玻璃容器（也可选金属质容器）：直径为 50mm；

(3) 金属网：孔径规格为 0.5mm 或者 1mm；

(4) 计时器；

(5) 烧杯：500mL。

3. 操作过程

(1) 采用孔径 1mm 的金属网，放在设备底部相应的位置固定。

(2) 在金属网上均匀涂抹 2.5cm 厚的盾尾密封油脂。

(3) 在有机玻璃容器内（即油脂上方）加水至满，并加上端盖密封。

(4) 利用加压泵开始向容器内加压，稳定在 8bar，并记录初始时间 t_0。

(5) 观察容器下方是否漏水，记录开始漏水的时间 t_1。

(6) 比较密封油脂的密封时间是否大于 5min，如果大于 5min，说明该油脂密封性良好；如果小于 5min 则重新采用孔径为 0.5mm 的金属网进行上述试验流程 (1)～(5)。记录相应的初始时间 T_0 及开始漏水时间 T_1。

(7) 再次比较该密封油脂的密封时间是否大于 5min，如果大于 5min，说明该油脂密封性中等；如果小于 5min，说明该密封油脂的密封性能较差。

6.2.5 泵送性试验

1. 试验简介

本方法可以用于测定盾尾密封油脂的泵送性。

2. 仪器

(1) 盾尾密封油脂手动加料器;

(2) 毛细管流变仪;

(3) 控温装置;

(4) 电子秤。

3. 操作过程

(1) 在对盾尾油脂进行性能测试之前,将油脂在标准试验条件下放置48h,其中标准试验条件为温度(25±2)℃。

(2) 使用带有推拉活塞的盾尾密封油脂手动加料器从油脂桶中取出一定质量的盾尾密封油脂待用。

(3) 启动毛细管流变仪,通过控制机械传动单元将压料杆从料筒中提出,然后将手动加料器的下端对准料筒的上端,手动推加料器的活塞,将盾尾密封油脂推入料筒中。

(4) 开启控温装置,设定温度为(25±0.1)℃,启动手动加载,将压料杆放下至料筒中物料的上表面,排出料筒内的气体,直到有连续的物料通过毛细管挤出为止。

(5) 设定压料杆的压力为1MPa,物料在(25±0.1)℃下保持120min,启动自动加载,开始试验。

(6) 从0MPa开始逐渐加压,当加压到(1±0.01)

MPa 时，该设备开始自动计时，此后压力一直保持在 (1±0.01) MPa，直到试验结束。

（7）试验过程中，每隔 1min 取 1 次流经毛细管的盾尾密封油脂称重，记录数值。每次试验至少取 3 次，并取平均值，即可得到在该测试条件下的盾尾密封油脂泵送性测试值。

6.2.6 黏附性试验

1. 试验简介

通过黏附性试验得到盾尾密封油脂对金属表面黏附性指标；本方法适用于测定盾尾密封油脂的黏附性（图 6-3）。

2. 仪器设备

（1）钢板两块（100mm × 100mm × 10mm，质量 285g）；

（2）支撑架；

（3）2kg 的铁块；

（4）游标卡尺，精度 0.1mm；

（5）秒表。

3. 测试过程

（1）将支撑板 A 水平放置在试验台上，并在其右端铺设钢板 B，将其固定在支撑板 A 上。

（2）将盾尾密封油脂均匀涂抹在钢板 B 上 2cm 厚即可。

（3）用钢板 D 覆盖在盾尾油脂上，与支撑板 A 上的钢板 B 对齐，并将 2kg 铁块放在钢板 D 上，将其压实。持续 2min。

(4) 当时间达到 2min 后,将重 2kg 的铁块取走,并将支撑板提升到垂直位置,如图 6-3 所示。

(5) 利用游标卡尺测量 1min 后钢板 D 向下的垂直移动距离,记为 l_1。

(6) 重复以上步骤两次,分别记读数 l_2、l_3,最后取其平均数记为 l。

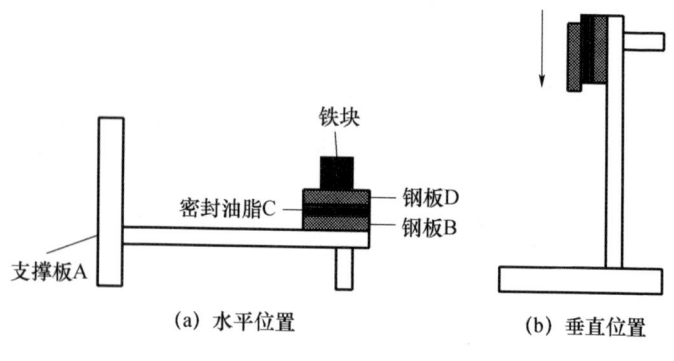

图 6-3 黏附性试验示意图

6.2.7 下垂度试验

1. 试验简介

下垂度试验是指在规定条件下将盾尾密封油脂注入规定尺寸的模具中,在一定温度下以垂直和水平的位置保持规定时间,测出试样流出模具端部的长度。参照《建筑密封材料试验方法》(GB/T 13477.6)的方法进行检验,用于测定盾尾密封油脂的流动性。

2. 仪器

(1) 下垂度模具：如图 6-4 所示，无气孔且光滑的槽形模具 [尺寸：长 (150±0.2) mm，宽 (20±0.2) mm，深 (10±0.2) mm]；

(2) 干燥箱：温度可控制在 70℃ 左右；

(3) 钢板尺。

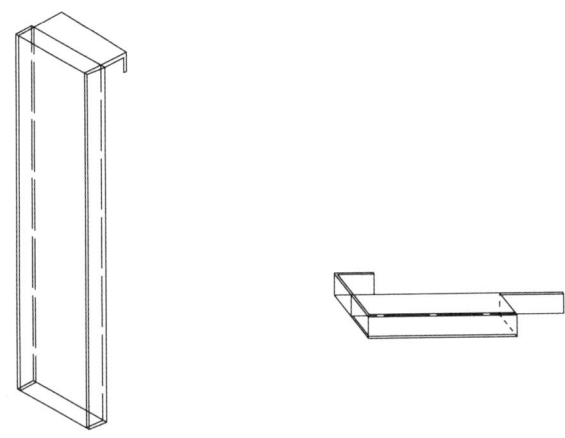

图 6-4　下垂度模具示意图

3. 操作过程

(1) 试件制备：将下垂度模具清洗干净并保持干燥，把聚乙烯条衬在模具底部固定，然后把放置在 (23±2)℃ 放置 24h 的盾尾密封材料用刮刀填入模具内，试件制备完成。

(2) 将制备好的三组试件立即垂直放置在调好的干燥箱内，并使模具的延伸端向下放置 24h，然后从干燥箱内取出试件，用钢板尺测量模具内试样从底面向延伸端移动的距离，记为 L_1。

（3）将制备好的另外三组试件立即水平放置在调好的干燥箱内，并使试样的外露面与水平面垂直，放置24h，然后从干燥箱内取出试件，用钢板尺测量模具内试样在水平方向超出槽形模具前端的最大距离，记为 L_2。

（4）进而通过 L_1 和 L_2 的大小来判断盾尾密封材料的流动性。

6.2.8 蒸发损失性试验

1. 试验简介

本方法可以用于测定盾尾密封油脂的蒸发损失性。其方法为将蒸发器里的油脂试样置于规定温度的恒温浴中，热空气通过试样表面22h，根据试样失重计算蒸发损失。

2. 仪器

（1）蒸发器；

（2）空气供给系统；

（3）油浴；

（4）温度计；

（5）流量计：经矫正的转子流量计，于 15～30℃ 以 (2.58±0.02) g/min 的速率供应空气。

3. 操作过程

（1）称重洗净的试样杯和罩子，精确至 1mg。取掉罩子，将油脂杯填满盾尾密封油脂，操作中应小心，以防空气混入，用直边刮刀使盾尾密封油脂与油脂杯边缘相平，并用干净的棉纱擦掉留在边缘的油脂，把罩子紧密地拧到油脂杯上而不要触动已刮平的表面。称量组合件并记录试样的净重，精确至1mg。

(2) 盖上盖子（不装罩子和试样杯），将蒸发器浸入恒温浴中使其达到试样温度（控制在±0.5℃）。在开始试验前，让蒸发器在恒温浴中至少保持30min，在此期间，使干净的空气以规定的速度（2.58±0.02）g/min（在标准温度和标准压力下为2L/min）流过蒸发器，空气流速通过转子流量计指示。然后取掉盖子，把称量过的罩子和油脂杯拧上，再盖上盖子，上紧三个滚花的顶盖，封严螺丝以防空气从盖下泄漏。干净的空气通过蒸发器22h±5min。

(3) 在22h结束后，从蒸发器上取下组合在一起的试样杯和罩子，冷却至室温，然后称重并记录样品净重，精确至1mg。

4. 试验公式

试样的蒸发损失率以 F 来表示，按下式计算：

$$F=\frac{M_1-M_2}{M_1}\times100\% \qquad (6\text{-}2)$$

式中 F——试样的蒸发损失率，%；

M_1——试验前试样的质量，g；

M_2——试验后试样的质量，g。

6.2.9 闪点试验

1. 试验简介

本测定方法适用于测定在规定试验条件下由盾尾密

封油脂和空气形成的可燃混合物的测试温度。其方法主要为用特质的黄铜杯，装待测试的样品至刻线处盖上特质封盖，加热并以一定速率搅拌。以规定的温度间隔，中断搅拌后迅速点火直到样品发生瞬间闪火。

2. 闪点试验所需仪器以及材料

（1）宾斯基——马丁闭口闪点试验仪；

（2）温度计：包含低、中和高三个温度范围的温度计，应根据样品的预期闪点选用温度计；

（3）气压计：精度 0.1kPa；

（4）加热浴或烘箱：用于加热样品，要求能将温度控制在±5℃以内，可通风且能防止加热样品时产生可燃蒸气闪火，推荐使用防爆烘箱；

（5）清洗溶剂：用于除去试验杯及试验杯盖上的少量试样。

3. 闪点试验步骤

（1）观察气压计，记录试验期间仪器附近的环境大气压。

（2）将试样倒入试验杯至加料线，盖上试验杯盖，然后放入加料室，确保试验杯就位或锁定装置连接好后插入温度计。点燃试验火源，并将火焰直径调节为 3~4mm。或打开电子打火器，按仪器说明书的要求调节电子打火器强度。在整个试验期间，试样以 5~6℃/min 的速率升温，且搅拌速率 90~120r/min。

（3）从预期闪点以下（23±5）℃开始点火，试样每升高 2℃点火一次，点火时停止搅拌。用试验杯盖上的滑板操作旋钮或点火装置点火,要求火焰在0.5s内下降至试验杯的蒸气空间内,并在此位置停留1s,然后迅速升高至原位置。

(4)记录火源引起试验杯内产生明显着火的温度,作为试样的观察闪点,但不要把真实闪点到达之前,出现在试验火焰周围的淡蓝色光轮与真实闪点相混淆。

(5)如果所记录的观察闪点温度与最初点火温度的差值少于18℃或高于28℃,则认为此结果无效,应更换新试样重新试验,调整最初点火温度,直到获取有效测定结果,即观察闪点与最初点火温度差值在18~28℃之间。

4. 闪点试验公式

观察闪点修正应按下式计算

$$T_c = T_0 + 0.25(101.3 - p) \tag{6-3}$$

式中 T_c——标准大气压下的观察闪点,℃;

T_0——环境大气压下的观察闪点,℃;

p——环境大气压,kPa。

注:本公式仅限大气压在98.0~104.7kPa范围之内。

6.2.10 抗水冲失性试验

1. 试验简介

本方法可参照《润滑脂耐水喷洒性试验方法(05.02)》(ASTMD4049),用于测试在规定的试验条件下盾尾密封油脂在水冲作用下附着在金属表面的能力。可简要描述为将待测油脂涂抹在不锈钢上,并在规定的测试温度和压力下喷水,5min 后以称量留在测试板上的油脂残存量来衡量其抗水冲失性的能力。

2. 仪器

(1) 不锈钢测试板;

(2) 用于涂抹盾构油脂于测试面板的夹具;

(3) 喷水装置;

(4) 温度计,可测温 (38±0.5)℃,以此决定水冲装置喷水嘴水流的温度;

(5) 电子秤:精度 0.1g;

(6) 抹刀;

(7) 烘箱。

3. 操作过程

(1) 将一个干净的测试板称重,记录为 W_1。

(2) 采用金属夹具并使用抹刀涂抹 (0.8±0.005)mm 厚的油脂层,清除测试面板凸起部分以外的任何油脂,重新称重并记录为 W_2。

(3) 向水箱中加入适量的自来水,盖上加热器,将水温调至 (38±0.5)℃。当水温达到 (38±0.5)℃时,循环 2~3min 以达到温度平衡。使用旁路阀调整调压泵的压力至 (276±7) kPa,旁路阀必须在仪表前方而不是在喷嘴与仪表之间。然后关闭电机。

(4) 将测试面板水平且居中放置于冲水喷嘴下方。启动电机,在面板上喷水 5min。

(5) 关闭电机,停止淋喷,并将面板移开,除去面板凸起部分以及面板边缘和底部的多余油脂,并将面板水平放置在（66±1）℃的烘箱中烘干1h。

（6）将测试面板从烘箱中取出，冷却，重新称量面板质量，并记录为W_3。

（7）每次试验后用水冲洗油脂层，并擦去面板表面的残存油脂，将喷嘴拆卸并洗净。

4. 计算方法

按照下式可得到盾尾密封油脂的水雾冲失率P：

$$P=\frac{W_2-W_3}{W_2-W_1}\times 100\% \qquad (6\text{-}4)$$

式中 P——盾尾密封油脂水雾冲失率，%；

W_1——测试面板初始质量，g；

W_2——喷水前测试面板与油脂的质量，g；

W_3——喷水后测试面板与残存的油脂的质量，g。

6.2.11 金属腐蚀性试验

1. 试验简介

本方法可参照《润滑脂铜片腐蚀试验法》(GB 7326—1987)，用于测试在油脂涂抹部件可能的化学腐蚀。可简要描述为将待测油脂涂抹在预先打磨光滑并抛光的铜板上，并在规定的测试温度下加热24h，在试验结束后将铜片取出，经洗涤后与铜片腐蚀标准色板进行比较，确定腐蚀级别。

2. 仪器

（1）铜片腐蚀标准色板；

（2）铜片：长75mm，宽12.5mm，厚1.5～3mm，

纯度为99.9%以上电解铜；

（3）观察试管：扁平玻璃试管，可以保护已腐蚀铜片；

（4）磨光材料：65μm的碳化硅或氧化铝砂纸或纱布，105μm（150目）的碳化硅或氧化铝砂粒，以及药用脱脂棉；

（5）洗涤溶剂：只要在50℃时经过试验铜片光泽不变，易挥发的无硫烃溶剂均可以使用。

3. 操作过程

（1）将大约60mL油脂放入清洁的试管底部，使润滑脂高度大约到80mm。小心轻拍试管使润滑脂装入试管内。把顶部做成一个比较平的表面，裁掉管壁多余油脂。

（2）防止铜片与手指接触，戴聚乙烯手套，用不锈钢镊子将已清洁的铜片插入润滑脂内直到铜片碰到管底，铜片完全浸没并至少覆盖5mm油脂。

（3）把试管放在一个架子上，使它近似维持垂直，用盖子轻轻地盖上试管。

（4）把架子同样放入烘箱或液体浴中，调节到试验期内保持规定的温度，常用的条件是（100±1）℃，24h。

（5）在试验期结束后，从烘箱或液体浴中取出架子和试样，并将其冷却到室温。

（6）戴上聚乙烯手套，用不锈钢镊子从润滑脂中取出铜片并立即浸入洗涤溶剂中，经洗涤后立即取出铜片，用干燥定量滤纸吸干而不是擦干，并与铜片标准色板进行比较以检查其表面变色和腐蚀迹象。将试片与标准色板放置成使反射光线大约呈 45°角进行观察。

6.2.12 产品稳定性试验

1. 试验简介

本方法可以用于测定盾尾密封油脂的产品稳定性。

2. 试验仪器

（1）离心机；

（2）试管，量程 20mL；

（3）称量天平；

（4）勺子、镊子；

（5）烧杯。

3. 操作过程

（1）使用称量天平称取一定质量的油脂放置于烧杯内，然后将油脂样品制样分批装入离心机专用试管内，每支试管装入容积的 3/4。

（2）开启离心机，进行空转测试。空转测试正常后，关闭电源，打开样品仓，将载有样品的试管对称放置在样品仓试管孔里。

（3）将离心机参数设定为 4000r/min，时间为 5min。开启电源，进行离心测试。

（4）离心测试结束后，关闭电源，打开样品仓盖子。取出样品仓里面的样品，观察离心效果，若油脂未出现分层离析现象，则证明油脂产品稳定性较好。

6.2.13 阻燃性试验

1. 试验简介

参考 UL 94 标准,可以根据此试验来测得盾尾密封油脂的阻燃性。

2. 试验仪器

(1) 固定台:将试件、燃具固定的试验台;

(2) 燃具:甲烷灯;

(3) 标尺;

(4) 计时器;

(5) 马克笔。

3. 测试过程

(1) 试样制备:取适量盾尾密封油脂做成片状试件,要求边缘光滑、表面干净,密度均匀[试件具体尺寸:长×宽:(125 ± 5) mm×(13.0 ± 0.5) mm,厚度取 3~13mm 均可,此处选取 10mm],需同时准备三个试件,测试前在室温下放置 48h。

(2) 将试件固定在固定台上,一端固定,另一端自由,从自由一端起,在试件的 25mm 和 100mm 处用马克笔做标记。

(3) 利用燃具将试件从自由一端开始燃烧,控制燃具中甲烷流量为 105mL/min。

(4) 利用燃具将盾尾密封油脂试件燃烧至 25mm 标记处,移走燃具。

(5) 当火焰燃烧至 25mm 处开始计时,如果火焰烧至 100mm 之前停燃，则记下停燃时所用的时间；如果火焰烧至 100mm 处没有停燃，则记下烧至 100mm 处所用的时间。

（6）将三个试件所得的结果取平均数作为该盾尾密封油脂的阻燃性指标。

附 表

表A 盾构用泡沫剂实测指标参数表

序号	项目	指标要求	
1	外观		
2	密度(25℃)(g/mL)		
3	pH		
4	运动黏度(25℃)(mm^2/s)		
5	水溶性		
6	发泡倍率,25℃(倍)	浓度2%	
		浓度3%	
		浓度4%	
		浓度5%	
7	泡沫注入比(%)		
8	半衰期,25℃(min)	浓度2%	
		浓度3%	
		浓度4%	
		浓度5%	
9	泡沫原液浓度(%)		
10	金属腐蚀性		

表B 盾构用抗黏剂实测指标参数表

序号	项目	指标要求	
1	外观		
2	密度（25℃）（g/mL）		
3	pH		
4	水溶性		
5	运动黏度（25℃）（mm²/s）		
6	金属腐蚀性		
7	固含量（%）		
8	与泡沫剂配合使用用量比例		
9	动态黏聚力试验扭矩值（N·m）	改良前	
		改良后	

表C 盾构用喷涌防止剂实测指标参数表

序号	项目	指标要求
1	外观	
2	密度（25℃）（g/mL）	
3	pH	
4	运动黏度（25℃）（mm²/s）	
5	固含量（%）	
6	水溶性	
7	金属腐蚀性	
8	与泡沫剂配合使用用量比例	
9	浓度（单独使用）（%）	
10	改良标准砂坍落度（cm）	
11	改良标准砂渗透系数（m/s）	

表 D 盾构用耐磨抑尘剂实测指标参数表

序号	项目	指标要求
1	外观	
2	密度（25℃）（g/mL）	
3	pH	
4	运动黏度（25℃）（mm^2/s）	
5	水溶性	
6	发泡倍率（倍）	
7	半衰期（25℃）（min）	
8	金属腐蚀性	
9	湿润性（s）	

表 E 盾构用盾尾密封油脂实测指标参数表

序号	项目	指标要求			
1	外观				
2	颜色				
3	气味				
4	密度（25℃）				
5	稠度（锥入度）（25℃）				
6	密封性（水压测试，8bar，25℃）（min）	优	1mm	密封时间	
		良	0.5mm	密封时间	
		差	0.5mm	密封时间	
7	黏附性测试（2min）(mm)				
8	下垂度（70℃）(mm)				
9	可泵性（g/min）				

续表

序号	项目	指标要求
10	蒸发损失率（%）	
11	闪点（℃）	
12	抗水冲失性 [（276±7）kPa，5min] （%）	
13	金属腐蚀性 [（100±1)℃，24h]	
14	产品稳定性 （4000r/min，5min）	
15	环境保护	
16	使用温度（℃）	
17	阻燃性（min）	

参考文献

[1] 李树忱，万泽恩，商金华，等．盾构/TBM渣土改良与盾尾密封技术研究进展［J］．隧道与地下工程灾害防治，2019，1（4）：33-48.

[2] 商跃锋．富水砂层土压平衡盾构渣土改良试验与应用［J］．山西建筑，2021，47（09）：5-8.

[3] 蒠振东，胡林浩，张书香，等．富水砂卵石地层大直径盾构渣土改良试验研究——以成都地铁17号线明九区间2#风井——九江北站盾构工程为例［J］．隧道建设（中英文），2021，41（1）：37-43.

[4] 李树良．长春风化泥岩黏性地层渣土改良与应用研究［J］．山西建筑，2020，46（20）：161-164.

[5] 李兴春．改性砂砾土盾构螺旋输送力学特性研究［D］．北京：北京交通大学，2019.

[6] 李昌．富水砂层地铁施工中的土压平衡式盾构机喷涌控制技术［J］．建筑技术开发，2018，45（22）：28-29.

[7] 林富志．富水砂卵石层渣土改良试验研究［J］．四川水力发电，2016，35（6）：15-19.

[8] 唐卓华，徐前卫，杨新安，等．富水砂层盾构掘进碴土改良技术［J］．现代隧道技术，2016，53（1）：153-158.

[9] 邱龑，杨新安，唐卓华，等．富水砂层土压平衡盾构施工渣土改良试验［J］．同济大学学报（自然科学版），2015，43（11）：1703-1708.

[10] 邱健，李树忱，王修伟，等．TBM绿色施工耐磨抑尘系统研发与应用［J］．现代制造技术与装备，2019（10）：18-19.

[11] 康牧天．城市道路高效抑尘材料的开发［D］．杭州：浙江大学，2019.

[12] 王德福．富水地层土压平衡盾构盾尾密封特性数值模拟［J］．山西

建筑, 2021, 47 (10): 123-126.

[13] 朱炜健, 王德乾, 廖剑平, 等. 盾尾密封油脂的抗水压密封性能评价标准研究 [J/OL]. 隧道建设 (中英文): 1-9 [2021-05-19]. https://kns.cnki.net/kcms/detail/44.1745.U.20210507.1621.006.html.

[14] 孙志洪, 王宁. 基于光纤光栅传感的盾尾密封泄漏监测试验研究及分析 [J]. 隧道建设 (中英文), 2020, 40 (3): 346-351.

[15] 邢鹏飞, 魏国鹏, 王德乾. 盾尾密封油脂与盾构施工温度适应性研究 [J]. 铁道建筑技术, 2020 (1): 7-10.

[16] 沈翔, 袁大军, 吴俊, 等. 高水压泥水平衡盾构掘进模型试验平台的研制与应用 [J]. 中国公路学报, 2020, 33 (12): 164-175.

[17] 宋洋, 李昂, 王韦颐, 等. 泥岩圆砾复合地层泥水平衡盾构泥浆配比优化研究与应用 [J]. 岩土力学, 2020, 41 (12): 4054-4062+4072.

[18] 蒋加兵, 陈子龙, 徐涛. 饱和砂层泥水平衡盾构隧道开挖面稳定研究 [J]. 重庆交通大学学报 (自然科学版), 2021, 40 (2): 95-100.

[19] 王百泉, 左龙, 刘永胜, 等. 土压/泥水平衡双模式盾构适应性设计 [J]. 隧道建设 (中英文), 2020 (S02): 314-318.

[20] 于庆增, 杨兴亚, 龙伟漾, 等. 泥水平衡盾构刀盘掘进对比及优化建议 [J]. 建筑机械化, 2021, 42 (2): 24-27.

[21] 王树英, 令凡琳, 黄硕. 泡沫改良粗粒渣土渗透性计算模型及适用性对比研究 [J/OL]. 岩石力学与工程学报: 1-9 [2021-05-19]. https://doi.org/10.13722/j.cnki.jrme.2020.1141.

[22] 高昇, 王保群, 樊建房. 复合式土压平衡盾构机的工程匹配性分析 [J]. 公路, 2021, 66 (4): 380-383.

[23] 张照煌, 纪玮, 翁子才. 锥面刀盘盾构主参数确定理论及模拟分析 [J/OL]. 机械工程学报: 1-13 [2021-05-19]. http://kns.cnki.net/kcms/detail/11.2187.th.20210608.1120.154.html.

[24] 李福涛. 土压平衡盾构机穿越富水基岩掘进技术 [J]. 中华建设, 2021 (4): 110-111.

[25] 李锟, 田管凤, 马宏伟, 等. 土压平衡盾构掘进参数相关性分析及预测模型 [J]. 科学技术与工程, 2021, 21 (9): 3814-3821.

[26] 徐福通,卢景景,周辉,等.预切槽和TBM机械滚刀的新型联合破岩模式研究[J].岩土力学,2021,42(5):1363-1372.

[27] 王亚锋,曾劲,蒋佳运.高黎贡山隧道敞开式TBM穿越高压富水软弱破碎蚀变构造带施工技术[J].隧道建设(中英文),2021,41(3):449-457.

[28] 司景钊,曾云川,刘建兵.复杂地质铁路隧道敞开式TBM施工挑战及思考[J].隧道建设(中英文),2021,41(3):433-440.

[29] 尹威华,张啸,张喜冬,等.敞开式TBM撑靴油缸稳定装置设计[J].建筑机械化,2021,42(2):44-47.

[30] 杨刚.敞开式TBM穿越断层带卡机处理措施[J].工程建设与设计,2020(14):134-135.

[31] 申会宇,任明军,丁彭彪,等.敞开式TBM锚杆钻机系统组成及日常维保[J].设备管理与维修,2020(8):77-79.

[32] 杨海鹏,王青波,王勇,等.TBM隧道穿越断层破碎带施工关键技术[J].四川建筑,2021,41(2):215-217+221.

[33] 张沛然,杨果林,吕涛,等.盾构施工地层可掘性及对机-岩状态识别案例分析[J/OL].湖南大学学报(自然科学版):1-12[2021-05-19].https://doi.org/10.16339/j.cnki.hdxbzkb.2021.07.012.

[34] LANGMAACK L, ZÁM0EČNÍK M. ZDOKONALENÁ TECHNOLOGIE ÚPRAVY VLASTNOSTÍ ZEMIN PRO PLNOPROFILOVÉ TUNELOVACÍ STROJE (TBM) [J].Tunel,2018.ročnik-č.2/2009.

[35] ZUMSTEG R, PUZRIN A M. Stickiness and adhesion of conditioned clay pastes [J]. Tunnelling and Underground Space Technology, 2012, 31: 86-96.

[36] BORIO L, PEILA D. Study of the permeability of foam conditioned soils with laboratory tests [J]. American Journal of Environmental Sciences, 2010, 6 (4): 365-370.

[37] KAM S I, ROSSEN W R. The compressibility of foamy sands [J]. Colloids and Surfaces A: Physicochemical and Engineering Aspects, 2002, 202 (1): 63-70.

[38] BUDACH C, THEWES M. Application ranges of EPB shields in coarse ground based on laboratory research [J]. Tunnelling and Underground Space Technology, 2015, 50: 296-304.

[39] 许恺, 季昌, 周顺华. 砂性土层盾构掘进面前土体改良现场试验 [J]. 土木工程学报, 2012, 45 (9): 147-155. (XU Kai, JI Chang, ZHOU Shunhua. Soil conditioning field test before heading face of EPB shield in sandy soil [J]. China Civil Engineering Journal, 2012, 45 (9): 147-155.

[40] 张文萃. 土压平衡式盾构穿越含砂土层渣土改良试验研究 [D]. 西安: 西安建筑科技大学, 2013. (ZHANG Wencui. Study on ground conditioning in EPB shield tunneling through sandy stratum [D]. Xi'an: Xi'an University of Architecture and Technology, 2013.

[41] STEVENSON P. Foam engineering: fundamentals and applications [M]. John Wiley & Sons, Ltd: 2012.

[42] DIEGO S, GIORGIO V, IRENE B, et al. Classification of foam and foaming products for EPB mechanized tunnelling based on half-life time [J]. Tunnelling and Underground Space Technology incorporating Trenchless Technology Research, 2019: 92.

[43] EFNARC. Specification and guidelines for the use of specialist products for mechanized tunnelling (TBM) in soft ground and hard rock [S]. Recommendation of European Federation of Producers and Contractors of Specialist Products for Structures, 2005.

[44] MORI L, WU Y, CHA, et al. Measuring the compressibility and shear strength of conditioned sand under pressure [C] //Proceedings of the Rapid Excavation and Tunneling Conference. New Orleans, 2015.

[45] ROSS S. Foaming volume and foam stability [J]. The Journal of Physical Chemistry, 1946, 50 (5): 391-401.

[46] ROSS S, SUZIN Y. Measurement of dynamic foam stability [J]. Langmuir, 1985, 1 (1): 145-149.

[47] 陈洋, 张行荣, 尚衍波, 等. 起泡剂性能测试方法及影响泡沫稳定

性的因素[J]. 中国矿业, 2014, 23 (增刊2): 230-234.
[48] 汪辉武. 全风化花岗岩土压平衡盾构泡沫渣土改良技术试验研究[D]. 成都: 西南交通大学, 2018.
[49] FAMEAU A L, SALONEN A. Effect of particles and aggregated structures on the foam stability and aging [J]. Comptes Rendus Physique, 2014, (8-9): 748-760.
[50] 闫鑫, 龚秋明, 姜厚停. 土压平衡盾构施工中泡沫改良砂土的试验研究[J]. 地下空间与工程学报, 2010, 6 (03): 449-453.
[51] MORI L. Advancing Understanding of the relationship between soil conditioning and earth pressure balance tunnel boring machine chamber and shield annulus behavior [D]. The Faculty and the Board of Trustees of the Colorado School of Mines, 2016.
[52] WU Y L. Investigation on Foam Stability and foam-conditioned soil properties under pressure in EPB TBM tunneling [D]. The Faculty and the Board of Trustee of the Colorado School of Mines, 2018.
[53] KIM T, KIM B, LEE K, et al. Soil conditioning of weathered granite soil used for EPB shield TBM: A laboratory scale study [J]. KSCE Journal of Civil Engineering, 2019, 23 (4): 1829-1838.
[54] 郭红梅. 长春地区白垩系泥岩地层地铁施工中地质风险及技术措施研究[J]. 岩土工程技术, 2018, 32 (1): 21-27.
[55] LIU P F, WANG S Y, GE L, et al. Changes of Atterberg limits and electrochemical behaviors of clays with dispersants as conditioning agents for EPB shield tunnelling [J]. Tunnelling and Underground Space Technology, 2018, 73: 244-251.
[56] 刘朋飞, 王树英, 阳军生, 等. 渣土改良剂对黏土液塑限影响及机理分析[J]. 哈尔滨工业大学学报, 2018, 50 (6): 91-96.
[57] MILLIGAN, G W E. Soil conditioning and lubricating agents in tunnelling and pipe jacking [C] // Proceedings of Underground Construction. London, UK: [s. n.], 2001: 105-116.
[58] MOSS N. Theory of flocculation [J]. Mine and Quarry Journal,

1978, 7 (5): 57-61.

[59] MOODY G. The use of polyacrylamides in mineral processing [J]. Minerals Engineering, 1992, 5 (3/4/5): 479-492.

[60] LYON J. Drilling fluids [J]. No-dig International, 1999, 10 (2): 20-25.

[61] 廖少明, 余炎, 程致高. 盾尾密封对盾构周边渗流场及正面稳定的影响 [J]. 同济大学学报 (自然科学版), 2008, 36 (2): 172-177.

[62] 余良滨. 某大直径盾构盾尾同步注浆引起的渗流场变化及地层变形研究 [D]. 广州: 华南理工大学, 2018.

[63] 李建方. 地铁盾构施工穿越江河溶洞安全风险控制探讨 [J]. 建筑安全, 2018, 33 (2): 30-34.

[64] 李胜新, 刘广仁, 张平. 盾构法隧道掘进中盾尾密封涌水涌砂防治技术 [J]. 石油工程建设, 2009, 35 (2): 79-80.

[65] 谢遵泉. 盾构下穿南沙河风险原因分析及应对措施 [J]. 建筑机械, 2018, 507 (5): 65-67.

[66] 秦素娟. 高水压地层下盾尾密封的破坏及保护分析 [J]. 铁道建筑技术, 2014 (增刊1): 164-166.

[67] 张迪. 水底大型泥水盾构盾尾密封失效的应对技术 [J]. 铁道建筑技术, 2011 (5): 1-6.

[68] 潘国庆. 隧道施工中盾构盾尾密封渗漏风险源分析 [J]. 中国市政工程, 2008 (5): 59-60.

[69] 李勇成, 张志鹏. 强透水地层下更换盾尾密封刷技术 [J]. 探矿工程 (岩土钻掘工程), 2008 (4): 80-81.

[70] 王先会, 畅海潮, 刘坤, 等. 盾尾密封脂现状与发展方向 [J]. 工程机械, 2018, 49 (11): 55-61.

[71] 朱祖熹. 盾构法隧道的盾尾防水密封与盾尾密封油脂 [J]. 中国建筑防水, 2009 (7): 2-6.

[72] 王德乾, 宋世雄, 程晋国, 等. 盾尾密封油脂泵送性测试仪器、测试方法与评价标准研究 [J]. 隧道建设, 2017, 37 (3): 303-306.

[73] 王德乾. 盾构用盾尾密封油脂抗水压密封研究 [J]. 铁道建筑技

术，2017（1）：7-9，29.

[74] 王德乾，张锋，贺春龙，等．安达环保型盾尾密封油脂的研究与应用［J］．铁道建筑技术，2015（2）：86-90.

[75] 王德乾．关于盾尾密封油脂抗水压密封性和泵送性测试的探讨［J］．隧道建设，2014，34（2）：107-110.

[76] 王德乾．一种盾尾密封油脂的配方研究与性能表征［J］．隧道建设，2013，33（4）：277-280.

[77] KOMIYA K, SOGA K, AKAGI H, et al. Soil consolidation associated with grouting during shield tunnelling in soft clayey ground [J]. Géotechnique, 2001, 51 (10): 835-846.

[78] YOUN B Y, BREITENBÜCHER R. Influencing parameters of the grout mix on the properties of annular gap grouts in mechanized tunneling [J]. Tunnelling and Underground Space Technology, 2014, 43: 290-299.

[79] THEWES M, BUDACH C. Grouting of the annular gap in shield tunneling—an important factor for minimization of settlements and for production performance [C] //Proceedings of the ITA-AITES World Tunnel Congress. Budapest, Hungary, 2009: 529-530.

[80] 中华人民共和国国家质量监督检验检疫总局，中国国家标准化管理委员会．表面活性剂 水溶液 pH 值的测定 电位法：GB/T 6368—2008［S］．北京：中国标准出版社，2008：1-2.

[81] 美国材料与试验协会．测定液体涂料、油墨和相关产品密度的标准试验方法：ASTM D1475—1998（2008）［S］．

[82] 国家标准局．石油产品运动粘度测定法和动力粘度计算法：GB/T 265—1988［S］．北京：中国标准出版社，1989：1-5.

[83] 中华人民共和国国家质量监督检验检疫总局，中国国家标准化管理委员会．表面活性剂和洗涤剂 旋转粘度计测定液体产品的粘度和流动性质：GB/T 15357—2014［S］．北京：中国标准出版社，2015：4-6.

[84] 中华人民共和国工业和信息化部．水处理剂 聚丙烯酸钠：HG/T 2838—2010［S］．北京：化学工业出版社，2011：1-5.

参考文献

[85] 中华人民共和国国家质量监督检验检疫总局,中国国家标准化管理委员会. 化工产品密度、相对密度的测定:GB/T 4472—2011 [S]. 北京:中国标准出版社,2012:5-8.

[86] 国家标准局. 聚合物和共聚物水分散体 pH 值测定方法:GB/T 8325—1987 [S]. 北京:中国标准出版社,1987:1-2.

[87] 中华人民共和国工业和信息化部. 水处理剂 聚丙烯酸钠:HG/T 2838—2010 [S]. 北京:化学工业出版社,2011:1-5.

[88] 中华人民共和国国家质量监督检验检疫总局,中国国家标准化管理委员会. 表面活性剂 润湿力的测定 浸没法:GB/T 11983—2008 [S]. 北京:中国标准出版社,2009:1-5.

[89] 中华人民共和国国家质量监督检验检疫总局. 建筑密封材料试验方法 第2部分:密度的测定:GB/T 13477.2—2002 [S]. 北京:中国标准出版社,2002:9-10.

[90] 国家技术监督局. 润滑脂和石油脂锥入度测定法:GB/T 269—1991 [S]. 北京:中国标准出版社,1992.

[91] 中华人民共和国国家质量监督检验检疫总局. 建筑密封材料试验方法 第6部分:流动性的测定:GB/T 13477.6—2002 [S]. 北京:中国标准出版社,2002:35-37.

[92] 美国材料与试验协会. 润滑脂表观粘度测量的标准试验方法:ASTM D 1092—1999 [S].

[93] 美国材料与试验协会. 润滑脂和润滑油蒸发损失的标准试验方法:ASTM D 972—2002 [S].

[94] 中华人民共和国国家质量监督检验检疫总局,中国国家标准化管理委员会. 胶粘剂闪点的测定 闭杯法:GB/T 30777—2014 [S]. 北京:中国标准出版社,2014:1-4.

[95] 美国国家标准学会. 润滑脂耐水喷洒性试验方法 (05.02):ANSI/ASTM D4049—1999 [S].

[96] 国家标准局. 润滑脂铜片腐蚀试验法:GB/T 7326—1987 [S]. 北京:中国标准出版社,1987:1-5.